T0046383

TO THE NORTH /AL NORTE

To the North/Al norte

León Salvatierra

Translated by
JAVIER O. HUERTA

UNIVERSITY OF NEVADA PRESS | *Reno & Las Vegas*

University of Nevada Press | Reno, Nevada 89557 USA
www.unpress.nevada.edu
Al norte first published by Editorial Universitaria, University of Nicaragua
Copyright © 2012 by León Salvatierra
Some minor modifications have been made by the author to the original Spanish text.
University of Nevada Press Copyright © 2022 by León Salvatierra
All rights reserved
Illustration: "Exodus" by Otto Aguilar

LIBRARY OF CONGRESS CATALOGING-IN-PUBLICATION DATA
Names: Salvatierra, León, author. | Huerta, Javier O., translator. | Salvatierra, León.
Al norte. | Salvatierra, León. Al norte. English.
Title: To the north /Al norte : poems / León Salvatierra ; translated by Javier O. Huerta.
Other titles: Al norte
Description: Reno : University of Nevada Press, [2022] | Text in English and Spanish. |
Summary: "*To the North /Al Norte* is part of a growing field of narratives told by formerly
undocumented or undocumented writers in the United States. It is a hybrid book of
poetry written in Spanish by the Nicaraguan poet León Salvatierra, who mixes lyric and
prose poems to explore migration, exile, violence, dislocation, among other themes that
stem from the transnational experience of the Central American diaspora that emerged
from the civil wars in the 1980s."—Provided by publisher.
Identifiers: LCCN 2022003388 | ISBN 9781647790615 (paperback) |
ISBN 9781647790622 (ebook)
Subjects: LCSH: Salvatierra, León—Translations into English. | LCGFT: Poetry.
Classification: LCC PQ7079.3.S256 A7913 2022 | DDC 861/.7—dc23/eng/20220207
LC record available at https://lccn.loc.gov/2022003388

The paper used in this book meets the requirements of American National Standard for
Information Sciences—Permanence of Paper for Printed Library Materials, ANSI/NISO
Z39.48-1992 (R2002).

FIRST PRINTING

Manufactured in the United States of America

To my mother, Nellys Aguilar

My other mother, Alba Aguilar (1943-2005)

My grandmother, Sofía González (1911-1991)

My father, Leonel Salvatierra (1940-1985)

My grandfather, Aristides Salvatierra (1916-1993)

My other grandfather, Presentación Aguilar (1900-1977)

And for

Don Eduardo

And North means to all Reject

—W. H. AUDEN. "Journey to Iceland"

Contents

Salvatierra's *North*

Ramírez himself would confirm these ties during a chat we had at a book fair in Madrid in the months after my mother's death. He mentioned a "Victoria Mercado" and I imagined hers was a name he'd heard as a boy, the name of a relative, perhaps, who'd made her way north...

—from my essay "The Nicaraguan Novel"

The "ties" alluded to above—during my encounter with the Nicaraguan writer Sergio Ramírez—have to do with the enduring bonds between Managua and San Francisco. In 1959, for example, my father boarded a plane in the capital of Nicaragua, eventually touching down in the city by the bay. He sent for my mother six months later. Once they were settled in the Mission District, my parents found work—she sitting at a Singer sewing machine on Valencia Street; he washing dishes in a North Beach restaurant. They were part of a steady stream of northward migration from Central America, like the stories evoked in Sergio Ramírez's fiction.

León Salvatierra, a native of Nicaragua and current resident of Berkeley, California, has navigated these waters, as well—exploring the contours of *his* migration story in *To the North /Al norte*, his moving book of poems. His voice is a welcome addition to a chorus of poets from the Central American diaspora, including Adela Najarro (Nicaragua); José B. González (El Salvador); Sheila Maldonado (Honduras); Ariel Francisco (Guatemala); and Darrel Alejandro Holnes (Panama), to name a few.

What distinguishes Salvatierra is that he composed *To the North* in Spanish and had it first published in Nicaragua as *Al norte*. The dual-language volume you are holding in your hands now, dear reader, is the result of the stellar translations by Chicano poet Javier O. Huerta.

The book's initial compositions reconstruct his journey from Nicaragua to the United States. From the first moment, one of Salvatierra's aesthetic principles is that wordplay is no less crucial an artistic strategy than the chronological narratives that unfurl over the course of the collection. Take this snippet from the book's opening poem, "To the Reader":

> The fight before I was born made my mother, as a gesture of revenge, erase the last two letters in Leonel. The accented syllable in my name had to absorb the blow: León.

There seems to be a hint of trauma, both psychic and physical, in this prose piece. Yet how Salvatierra deploys language reminds us that *To the North/ Al norte* is, above all, a sequence of *poetry*. "General Index," the fourth poem, revisits material introduced early on, but in a way that underscores one of poetry's steadfast tools: repetition. Here are the first five stanzas—listen:

Travel to horizons
Where my nose points
Wingless and To the North

Drag your knees
Fleeing the war
To the North and the vanguard

Touch hope
Making out the language
To the North and the caresses

Stray on the edges
Dreaming of Los Angeles
To the North and the stay

Write about a kiss
Organizing vowels
To the North and the return

Javier O. Huerta excels here at re-creating an *ambiance* of rhyme and repetition in his English version of Salvatierra's Spanish, something he does masterfully not only in this poem but throughout the collection. But notice the final word in this excerpt: *return*. A few pages later, in the book's sixth piece, "Upon Returning," the speaker recounts preparing for *his* return to the country of his birth:

Calluses on my feet
gleamed like big coins
until one day
the United States could no longer hide me
    And allowed me to return
Stamped a seal on my chest and gave me flight

In nineteen ninety-nine
a man will enter an Other Nicaragua

Notice the shift from the first person ("my feet," "me," "my chest") to the third person in this last line ("a man will enter"). It's a modest but significant pivot: by adding a layer of distance, the poet takes a step in transforming lived experience into art. He has fashioned a space in which to explore the complex nature of his subject matter. There is no romanticizing this "homecoming." The poem ends:

In nineteen ninety-nine
I, too, was
                    Alone
          in Nicaragua

Another glimpse of his poetics—that is, his marriage of memory and language at the service of nuance and complexity—is as follows, from the poem "Keyboard Voices":

I speak
of words
that revise history
or stitch the rupture of a promise
when they hide the malice
of the one who gives us a toy

In all, *To the North/Al norte* is made up of thirty-four works. Of these, seven are in prose, twenty-seven in lineated verse. And yet even across these two modes there is an intricate, internal logic at work. Although there are seven prose pieces, they are not in any way homogeneous or predictable. "To the Reader" feels like an overture, one that orients the journey we readers are about to embark on. In contrast, another prose piece, "Gift," offers a touch of humor with its playful yarn, whose narrative tension slowly builds, producing an effect I'd describe as hilarious exasperation. A third, ". . .Watching TV," doesn't at all resemble the previous two. Instead it unfolds as a shifting swath of prose that brings to mind the familiar activity of channel surfing ("An old man, exhausted from working, turns off his remote eyes"). Also within the collection, we experience pieces that are in dialogue with one another. The prose piece "Alexis vs. Pryor" is in conversation with the book's other two "boxing" poems. And the evocatively titled "Insomnia" series includes three strategically placed installments. In short, León Salvatierra's book of poems coheres admirably.

In terms of tone, the collection is at once intimate and public. "To the Reader," for instance," also introduces a compelling, fable-like lyricism which is interspersed throughout the volume. Salvatierra embraces "storytelling" without "navel-gazing." And along the way he pulls off an impressive array of expression—I'll call it a breathtaking range of registers.

One of the pinnacles of the collection, in my view, is "LEÓN SALVATIERRA WAS BORN THE DAY THEY KILLED SOMOZA." He manages an alchemy of some of the book's signature traits, starting with the title, which reinforces the work's autobiographical roots. But by also naming the former Nicaraguan dictator Anastasio Somoza, who was toppled in 1979, Salvatierra is insinuating a political backdrop to his book. But the politics here are never heavy-handed. The premise of this piece—the day of the poet's birth—requires inheriting and internalizing his family's lore, and having the skill to transform that lore into literary art. Salvatierra employs multiple poetic devices, including repetition ("I was born the day they killed Somoza"), simile ("like gunsmoke the news spread"), internal rhyme ("There were celebrations and toasts in my name"), and allusion ("so they named me Augusto")—referencing Augusto César Sandino, one of Nicaragua's national forefathers, known for resisting North American imperialism. And, it should be made clear, the poem's rhythms are lively and alert, its images fresh.

Other poets that came to mind as I relished León Salvatierra's literary art include mid-career voices William Archila and Alexandra Lytton Regalado, as well as the up-and-coming voice of Janel Pineda, all three of these of Salvadoran lineage. I am tempted to make a claim—so I will: the poetry emerging out of Central America's diaspora merits being recognized as among the brightest pieces of the mosaic that is Latinx poetry. *To the North/Al norte* is its latest gleaming shard.

FRANCISCO ARAGÓN
January 1, 2022
Mililani, HI

Introducción

El norte de Salvatierra

*El mismo Ramírez confirmaría estos lazos durante una plática que
tuvimos en una feria del libro en Madrid unos meses después de la
muerte de mi madre. Mencionó a una "Victoria Mercado" y me
imaginé que dicho nombre él lo había escuchado de niño, el nombre
de una pariente quizás, que había migrado hacia el norte...*

—de mi ensayo "La Novela Nicaragüense"

Los "lazos" a los que aludo arriba—durante mi encuentro con el escritor
nicaragüense Sergio Ramírez—tienen que ver con los vínculos perdurables
entre Managua y San Francisco. En 1959, por ejemplo, mi padre abordó un
avión en la capital de Nicaragua y finalmente aterrizó en la ciudad junto
a la bahía. Seis meses después mandó a traer a mi madre. Una vez que se
establecieron en el Distrito de la Misión, mis padres encontraron trabajo:
ella sentada en una máquina de coser Singer en un lugar de la calle Valen-
cia, mientras él lavaba platos en un restaurante de North Beach. Eran parte
de un flujo constante de migración desde Centroamérica hacia el norte,
como las historias evocadas en la narrativa de Sergio Ramírez.

León Salvatierra, originario de Nicaragua y hoy residente de Berkeley,
California, también ha navegado por estas aguas, explorando los contor-
nos de su historia de migrante en su conmovedor libro de poemas titu-
lado *Al norte*. Damos la bienvenida a esta voz que se suma a un coro de
poetas de la diáspora centroamericana, incluidos Adela Najarro (Nica-
ragua); José B. González (El Salvador); Sheila Maldonado (Honduras);
Ariel Francisco (Guatemala); y Darrel Alejandro Holnes (Panamá), para
mencionar unos cuantos.

Salvatierra se distingue por haber escrito *Al norte* en español y haberlo
publicado por primera vez en Nicaragua. Apreciado lector, el libro bilingüe
(*To the North / Al norte*) que tienes ahora en tus manos es el fruto de las
traducciones brillantes del poeta chicano Javier O. Huerta.

Las primeras composiciones del libro recrean el viaje de Nicaragua a los
Estados Unidos. Desde el inicio, uno de los principios estéticos de Salva-
tierra es que el juego de palabra no es una estrategia artística menos crucial
que las narraciones cronológicas que se van desarrollando a lo largo de la
obra. Examinemos este fragmento del primer poema del libro, "Al lector":

El pleito, antes de que yo naciera, hizo que mi mamá, en un gesto de venganza, eliminara las últimas dos letras en Leonel. La sílaba acentuada en mi nombre debía asimilar el golpe: León

Parece haber indicios de un trauma en este texto en prosa, tanto psíquico como físico. Sin embargo, la forma en que Salvatierra emplea el lenguaje nos advierte ante todo que *Al norte* es una secuencia de poesía. El cuarto poema, "Índice general," retoma el material presentado anteriormente, pero de una manera que enfatiza una de las herramientas clásicas de la poesía: la repetición. Estas son las primeras cinco estrofas—escuchemos:

Ir a horizontes
Donde apunte mi nariz
Al norte y sin alas

Arrastrar las rodillas
Huyendo de la guerra
Al norte y la vanguardia

Tocar la esperanza
Matizando la lengua
Al norte y las caricias

Divagar en orillas
Soñando con Los Ángeles
Al norte y la estadía

Escribir sobre un beso
Ordenando vocales
Al norte y el regreso

En estas estrofas, Javier O. Huerta se destaca en recrear en inglés un ambiente de repetición y rima del español de Salvatierra, algo que hace con maestría no solo en este poema sino en todo el libro. Ahora bien, pongamos atención a la palabra final de este pasaje: *regreso*. Unas páginas más adelante, en el sexto poema, "Al regreso", el hablante recuenta la preparación para *su* regreso al país de origen:

Los callos en mis pies
relucían como grandes monedas
hasta que un día
Estados Unidos no pudo esconderme

Y me dejó regresar
Puso un sello en mi pecho y me dio alas

En mil novecientos noventa y nueve
un hombre va a entrar a Otra Nicaragua

Notemos el movimiento de la primera persona ("mis pies", "me", "mi pecho")
a la tercera persona en esta última línea ("un hombre va a entrar"). Es un
giro modesto pero significativo: al agregar un nivel de distancia, el poeta
procede a transformar la experiencia vivida en arte. Ha diseñado un espa-
cio para explorar la naturaleza compleja de su tema. No hay romanticismo
en su "regreso a casa". El poema termina así:

En mil novecientos noventa y nueve
Yo también estaba

                    Solo
                en Nicaragua

El poema "Las voces del teclado" nos ofrece otra apertura a su poética, es
decir, su fusión entre memoria y lenguaje para crear matices y complejidades:

Hablo
de palabras
que revisten la historia
o matizan la ruptura de una promesa
cuando cubren la infamia
de quien nos da un juguete

Al norte se compone de treinta y cuatro textos en total. De estos, siete
están escritos en prosa, veintisiete en versos. Y a pesar de estar escrito
en estas dos modalidades, el libro contiene una compleja lógica interna.
Aunque son siete poemas en prosa, no son de modo alguno homogéneos
ni predecibles. "Al lector" se lee como una obertura que orienta el viaje al
que los lectores estamos a punto de emprender. En contraste, "Regalo", otro
texto en prosa, ofrece un toque de humor con tejidos lúdicos, cuya tensión
narrativa se construye lentamente, produciendo un efecto que describiría
como una exasperación divertidísima. Un tercer texto, "...Viendo tele", no
se parece en nada a los dos anteriores. Al contrario, se abre como una banda
de prosa en movimiento que nos hace pensar en la actividad común de cam-
biar los canales ("Un hombre viejo y cansado de trabajar con el ombligo de
punta hacia adentro, apaga sus ojos remotos"). También dentro del poe-
mario, experimentamos textos que dialogan entre sí. El poema en prosa

"Alexis vs. Pryor" se conecta con otros dos poemas que hablan de "boxeo". Y la serie "Insomnio", titulada de forma evocadora, incluye tres muestras estratégicamente ubicadas. En resumen, el poemario de León Salvatierra exhibe una coherencia admirable.

En lo que respecta al tono, los poemas son íntimos y públicos a la vez. Por ejemplo, el lirismo de "Al lector", contado como fábula, resulta contundente y establece el tono a lo largo del libro. Salvatierra acoge la "narración de historias" sin "mirarse el ombligo". Y en el camino, logra una impresionante variedad de expresiones, a lo que llamaré una asombrosa gama de registros.

Uno de los puntos cumbres del poemario, a mi juicio, es "LEÓN SALVATIERRA NACIÓ EL DÍA QUE MATARON A SOMOZA". Elabora una alquimia de algunos de los rasgos característicos del libro, empezando por el título, que ratifica las raíces autobiográficas de la obra. Pero al nombrar también al ex dictador nicaragüense Anastasio Somoza, derrocado en 1979, Salvatierra sugiere un trasfondo político en su libro. Pero aquí lo político jamás se exagera. La premisa de este texto, el día del nacimiento del poeta, exige heredar e internalizar el acervo de su familia, y tener la habilidad de transformar ese conocimiento en arte literario. Salvatierra emplea varios recursos poéticos, entre ellos la repetición ("Nací el día que mataron a Somoza"), el símil ("como pólvora la noticia corrió"), la rima interna ("Hubo celebración y brindis en mi nombre") y alusión ("así me llamaron Augusto"), haciendo referencia a Augusto César Sandino, uno de los antepasados nacionales de Nicaragua, famoso por haber combatido el imperialismo norteamericano. Y debe quedar claro que los ritmos del poema son vivos y alertas, sus imágenes frescas.

Mientras me deleitaba con el arte literario de León Salvatierra, pensé en las voces de otros poetas en la mitad de sus carreras, tales como William Archila y Alexandra Lytton Regalado, así como la voz prometedora de Janel Pineda, los tres de linaje salvadoreño. Me siento tentado a hacer una afirmación, y la haré: la poesía que emerge de la diáspora de América Central merece ser reconocida como una de las piezas más brillantes del mosaico que es la poesía Latinx. *Al norte* es su última tesela reluciente.

FRANCISCO ARAGÓN
1 de enero de 2022
Mililani, HI

TO THE NORTH /AL NORTE

To the Reader

I will begin with my name. It should have been Leonel like my father's, the way they planned while in love, before I was born, but they had a falling-out, so the story changed. I learned of this three years after his death; I learned of this before starting my journey to the United States. My aunt Alba told me about it; she looked after us because my mother would leave early in the morning and return late at night. In the Chinandega market, she sold products at a discount to provide for her five children. I was the youngest. My aunt would tell us stories, from when she and my mother were young girls. She punished us when we misbehaved, fed, and sheltered us. She was more than an aunt to me; she was a second mother. Though later I would find out the truth, I had thought that my name was in honor of the city of León. It didn't seem such a far-fetched idea because León was my home: the narrow streets where I learned to play baseball with a rolled-up sock, the colonial-style adobe houses, and the parks where I tasted my first kisses. Also, it wouldn't take long for any tourist to realize that León was the city of Rubén Darío, who at one point said, "León is today for me like Rome or Paris." That verse was enough to justify his image on public signs, murals, statues, and even in jokes. León is not the city where Darío was born, but it is where he grew up and began as a poet and where he died an alcoholic.

My father also died an alcoholic, in the middle of the war, on February 10, 1985. He was about to turn 45. I saw him vomit waves of blood. The puddle splattered the walls with black spots. He looked pale but stayed calm and composed as he dressed to go to the hospital. My mother wasn't at home; she had gone to Honduras to see my brother Sergio, who was in exile. I was the only one who stayed with my father. My sisters were staying at my aunt's house. I waited for him at the front doorway; I wanted him to say something. He hugged me like he always hugged me and said to me, "I'll be back soon." He looked pensive with sadness when he climbed into the taxi, surrounded by his friends. He passed away the next day in surgery at 2:10 p.m., while they operated on his liver. They say he was very smart with numbers; he was a renowned mathematician in the city. I remember him as a charismatic man with a pleasant smile. He never hit me or treated me badly. I know that he had children with other women; the neighbors made sure to let me know, pointing their finger, "that girl walking over there is your half-sister." My father also enjoyed poetry. He taught me the first poem I learned by heart: "The Bullet" by Salomon de la Selva. I wish I had known him better, but he came to stay with my mother almost at the end of his life. Aunt Alba didn't think too highly of him. She said she did not want me to be named Leonel because she feared that I would end up like him, an alcoholic and a womanizer.

Names are always imposed on us, but accidents sometimes happen that, while tearing us apart, save us. The fight before I was born made my mother, as a gesture of revenge, erase the last two letters in Leonel. The accented syllable in my name had to absorb the blow: León. Her revenge overflowed that stressed syllable; my mother, conspiring with my aunt, registered me with that name in the records office at city hall, and that way they made sure my father would not leave his copy in me. They were successful. I was never like Leonel, though for many years I tried to be.

I used to think my origin had been distorted. I came to feel like some kind of impostor, and many times I even introduced myself to people as Leonel. Something else happened that intensified the farce when I was 5 months shy of my 16th birthday. Migration authorities would not grant me a permit to leave the country since I had to register for compulsory military service when I turned 16. The Sandinista regime needed young men for the war. My mom paid a lawyer to forge a birth certificate that made me six months younger. Having forged my age allowed me to leave Nicaragua safely.

The falsehood showed up on another level; my education was lacking. It was difficult for me to read; reading a paragraph was to enter a hostile and elusive terrain. I was one of the worst students in elementary school, but my bad behavior allowed me to hide my poor performance in school. Many years later, when I arrived at the University of California, Berkeley, I heard about a type of learning disability. A friend told me of the symptoms, and right away I knew I had that problem. I had struggled with it on my own, always questioning my ability and sanity. Now it took on an unfamiliar name: DYSLEXIA. I remember an incident from when I was 12 years old, months after my father had passed away. I sat in a corner, waiting for some friends, who like me were going to skip school that day. A cloth banner hung among the electric wires of a lamppost; it was white with blue letters. I wanted to read what it said. I don't know if I read "Darío Darío" or "Radio Radio." I have forgotten that detail because at times I remember things backwards, turned upside down. Even dreams randomly become part of my collection of anecdotes. In any case, I thought the banner made no sense. I reread it, perceived the same message. I understood the anomaly was in me because I had experienced it before, letters altering themselves the way now

4

electronic marquees shift their announcements. I concentrated, lifted my gaze so that I could read the sign again. This time I knew that the banner read, "Radio Darío." Letters altered their order, slid in front of my eyes to form their double. It could be that the distorted reading of "Darío" made me more aware of my visual slip; at the same time and without knowing it, I was slipping away—from my country, from my family, and from my two mothers—to the north.

II

My sense of being an impostor intensified when I entered illegally into the United States. I felt like an intruder. I walked across the Rio Grande because it was dry and rocky. Later, after passing a bush, I ended up in the parking lot of a supermarket—I believe it was Ralphs—, and that's how I discovered America in the city of Brownsville, Texas. This anecdote has been poetized by Javier O. Huerta in his immigrant epic poetry book *American Copia*. Years later I came to learn that that border crossing constituted a federal crime. At the time, I didn't even know what the word "federal" meant.

III

In Los Angeles, my sister Karla and my cousin Aristides, who was aunt Alba's only child and whom I always saw as an older brother, were waiting for me. When I came, they were still undocumented, but soon after they normalized their status under the amnesty that President Reagan signed a few years before. Both were 23 years old at the time, and they worked night shifts at low-wage jobs. They rented a house in the city of South Gate, but they sublet some rooms to be able to make the rent payments. Aristides boasted of speaking perfect English and pressed me to learn English well. So nobody would confuse me for just another Mexican, he said. I was supposed to be enrolled at South Gate High School, but since there was no space, I had to travel by school bus for 4 hours back and forth to Nobel Junior High School in Northridge. I entered the ninth grade in the ESL program, run by a white, blonde, very kind lady we all called Ms. O'Donoghue. In my class, I was the only Nicaraguan, the vast majority were from Mexico, but there were also some Salvadorans, an occasional Cuban, a Dominican, and a girl from Venezuela named Ximena, over whom my Mexican friends and I drooled. In ESL classes I discovered that I could be a good student. One day Ms. O'Donoghue showed us the movie *My Fair Lady* to illustrate that if we tried hard, we would learn the language and culture so well that we could even pass as Americans. She motivated my language learning to such an extent that in less than six months I moved to regular English classes with American students. I never told her I was undocumented, but I think she suspected it. During the time I was without legal documents or had fake ones, I tried to pretend at times to be an American citizen. Quickly, the accent, the culture, the features gave me away. I had to be happily just another Mexican.

Having learned another language, I became obsessed with attaining a higher education. I attended Cerritos College in the city of Artesia following my high school graduation in 1992. As proof of legal residency, I used a temporary immigration status permit that I obtained when I applied for political asylum in 1988. My political asylum case was rejected by the immigration court in Los Angeles, leaving me undocumented and without the possibility of transferring to a university. I spent nine Kafkaesque years circling the labyrinth of pavilions at Cerritos College, where I completed my AA degree within the first two years. I continued taking any class I could to keep alive the illusion of studying at a university. I took courses from a wide range of disciplines, including carpentry, nursing, physics, anatomy and physiology, microbiology, psychology, art history, even singing courses. I was afraid that if I stopped taking classes I would not be able to re-enroll without showing new proof of legal residency. In 1999 I left the small labyrinth of Cerritos College because I obtained my legal residence through the NACARA law signed by President Clinton. That same year I was accepted at the University of California, Berkeley to study biochemistry, but when I took elective literature courses in English and Spanish, I discovered that I was born to be something other than a biochemist.

At UC Berkeley, I completed my bachelor's degree in comparative literature in English and Spanish. Then, I went into the Hispanic-American Literature PhD program, where I had to devise an original research topic for my dissertation. One day I was reading a poem by Carlos Martínez Rivas and discovered the idea I was seeking: "because it is true that we commit fraud." That is my word, I thought: "fraud" embodies the feeling of falsehood around me since my birth—my name, my age, and my undocumented life. Now I discovered it in poetry, and I thought that Martínez Rivas's verse ran in my blood in an atavistic way just at the moment I was thinking of writing a dissertation on Modernismo (the first "authentically Latin American" literary movement), and I knew I had found my own way of theorizing the literature of my country. My professors laughed when I told them I wanted to read Darío's poetry through the lens of fraud. Realizing I was serious, they asked, "Why fraud?" "Because it is true that we commit fraud," I responded. "Because even at the expense of fraud and of wordplay, we continue to perpetuate the threat, to invent necessity, to uphold the danger." Attentively they listened to my theoretical justifications about the connection of those verses with Darío's aesthetic. One said that he was interested in the project because it pointed to a different reading of Darío; the other two, though not opposed, maintained their reservations because they didn't like that the word "fraud" was being associated with the creation of authentic literature.

As I finish the last chapter of my dissertation, I think it may be true that certain acts are repeated, first as tragedy and then as farce. But at what crossroad does the plot begin, the slippery effect of fraud, to what heavens do its wings aspire and in what clash does the question originate?

Al lector

I

Iniciaré con mi nombre. Debió haber sido Leonel como el de mi padre, así fue planeado, enamorados, antes de que yo naciera, pero se pelearon, y cambió la historia. Lo supe tres años después de su muerte, lo supe antes de emprender mi travesía hacia los Estados Unidos. Mi tía Alba me lo contó; ella nos cuidaba porque mi mamá salía temprano y no volvía hasta la noche; en el mercado de Chinandega vendía al descuento para mantener a sus cinco hijos. Yo era el menor. Mi tía nos contaba historias, cuando ella y mi mamá eran niñas, nos castigaba cuando nos portábamos mal, nos daba de comer, y nos protegía. Para mí era más que mi tía; era otra madre. Aunque después supe la verdad, yo había pensado que mi nombre era en honor a la ciudad de León. No me parecía descabellada la idea porque León era mi morada: las calles pequeñas donde aprendí a jugar béisbol con pelota de calcetín, las casas de adobe estilo colonial, los parques donde sentí mis primeros besos. Además, cualquier turista no tardaría en imaginar que León era la ciudad de Rubén Darío, que en algún momento dijo "León es hoy a mí como Roma o París". Ese verso fue suficiente para justificar su imagen en los anuncios publicitarios, los murales, las estatuas, y hasta en los chistes. León no fue la ciudad donde nació Darío, pero sí donde se crio y se inició como poeta, y donde murió alcohólico.

Mi padre también murió alcohólico, en plena guerra, el 10 de febrero de 1985. Iba a cumplir 45 años. Lo vi vomitar la sangre a tumbos, el charco salpicó las paredes con manchas negras. Tenía el semblante pálido, pero se incorporó y mantuvo la serenidad mientras se vestía para ir al hospital. Mi mamá no estaba en casa; se había ido a Honduras para ver a mi hermano Sergio que estaba exiliado. Yo era el único que había quedado con mi padre. Mis hermanas se estaban quedando con mi tía. Lo esperé de pie en el umbral de la entrada, quería que me dijera algo, me abrazó como siempre me abrazaba, y me dijo, "ya regreso". Se miraba melancólico cuando se montó en un taxi acompañado por unos amigos. Al siguiente día murió en el quirófano a las 2:10 p.m., mientras lo operaban del hígado. Dicen que era muy inteligente con los números; fue un reconocido matemático en la ciudad. Yo lo recuerdo como un hombre carismático; tenía una agradable sonrisa. Nunca me pegó ni me maltrató. Yo sé que tenía hijos con otras señoras; los vecinos se encargaban de decirme, "aquella niña que va allá es tu media hermana", apuntando con el índice. A mi padre también le gustaba la poesía. Me enseñó el primer poema que aprendí de memoria: "La bala" de Salomón de la Selva. Hubiera querido conocerlo más, pero vino a quedarse con mi mamá casi al final de su vida. La opinión de mi tía Alba no era favorable. Dijo que no quería que me pusieran Leonel porque temía que yo terminara siendo como él, alcohólico y mujeriego.

Los nombres siempre son una imposición, pero a veces ocurren accidentes que, aunque mutilan, lo salvan a uno. El pleito, antes de que yo naciera, hizo que mi mamá, en un gesto de venganza, eliminara las últimas dos letras en Leonel. La sílaba acentuada en mi nombre debía asimilar el golpe: León. En ese acento se empozó la revancha; mi mamá en complicidad con mi tía me registró con ese nombre en los archivos de la alcaldía; así se aseguraba que mi padre no dejara su copia en mí. Lo lograron. Nunca fui como Leonel, aunque, por muchos años, intenté serlo.

Antes pensaba que mi origen había sido distorsionado. Llegué a sentirme como una especie de impostor; muchas veces hasta me presentaba a la gente como Leonel. Hubo otro suceso que intensificó la farsa cuando me faltaban 5 meses para cumplir 16 años. Las autoridades de migración y extranjería no me otorgarían el permiso de salida del país, porque debía registrarme al servicio militar obligatorio cuando cumpliera los 16 años. El régimen sandinista necesitaba hombres jóvenes para la guerra. Mi mamá pagó a un abogado para que falsificara una partida de nacimiento que me hizo seis meses más joven. Tener una edad falsa me permitió salir a salvo de Nicaragua.

La falsedad se manifestó también en otro nivel; mi educación falseaba. Se me hacía difícil la lectura; leer un párrafo era entrar en un terreno hostil y escurridizo. Fui uno de los peores estudiantes en primaria, pero mi mala conducta me permitía disimular el mal rendimiento escolar. Muchos años más tarde, cuando llegué a la Universidad de California, Berkeley, escuché hablar de un tipo de dificultad en la lectura. Un amigo me dijo los síntomas; al momento supe que tenía ese problema. Lo había batallado a solas, siempre cuestionando mi capacidad y sanidad mental. Ahora asumía un nombre para mí extraño: DISLEXIA. Recuerdo una escena a la edad de 12 años, meses después que muriera mi padre. Estaba sentado en una esquina, esperando a unos amigos que igual que yo, no entrarían a clase ese día. Había una pancarta de manta que colgaba entre los alambres eléctricos de un poste de luz; era de color blanco con letras azules. Quise leer lo que decía. No sé si leí "Darío Darío" o "Radio Radio". He olvidado ese detalle porque a veces recuerdo las cosas al revés; se me invierten, incluso, los sueños, a menudo pasan a mi anecdotario. En todo caso, pensé que la pancarta no tenía sentido. La volví a leer; percibí el mismo mensaje. Sabía que la anomalía estaba en mí porque lo había experimentado antes; las letras se modificaban, como lo hacen hoy los paneles de neón con anuncios publicitarios. Me concentré; levanté la mirada para volver a leer. Esta vez supe que la pancarta leía: "Radio Darío". Las letras cambiaban su orden; se deslizaban ante mis ojos para formar su doble. Podría ser que la distorsionada lectura de "Darío" me hizo más consciente de mi desliz visual; al mismo tiempo y sin saberlo, yo me iba deslizando—de mi país de mi familia de mis dos madres—hacia el norte.

II

El sentimiento de impostor se intensificó cuando entré ilegal a los Estados Unidos. Me sentí como un intruso. Atravesé el Río Bravo caminando porque estaba seco y rocoso. Después, al pasar por un arbusto, desemboqué en el estacionamiento de un supermercado; creo que se llamaba "Ralphs". Así descubría América en la ciudad de Brownsville, Texas. Esta anécdota ha sido poetizada por Javier O. Huerta en su libro de epopeya inmigrante, *American Copia*. Años después me di cuenta de que ese cruce de frontera presuponía un crimen federal. Para entonces, ni siquiera sabía lo que significaba la palabra "federal".

III

En Los Ángeles me esperaban mi hermana Karla y mi primo Aristides, quien era hijo único de mi tía Alba y a quien siempre vi como hermano mayor. Cuando vine ellos todavía estaban indocumentados, pero poco después arreglaron sus papeles por la amnistía que firmó unos años antes el presidente Reagan. Ambos tenían 23 años para entonces; trabajaban jornadas nocturnas con salarios bajos; alquilaban una casa en la ciudad de South Gate, pero subarrendaban algunos cuartos para poder hacer los pagos del alquiler. Aristides se jactaba de hablar un inglés perfecto y me presionaba para que yo aprendiera bien el inglés, así nadie me confundiría como un mexicano más, decía. Intentaron matricularme en la escuela secundaria de South Gate, pero como no había cupo, me tocaba viajar en un bus escolar por 4 horas ida y vuelta a Nobel Junior High School en Northridge. Entré en el noveno grado al programa de ESL (inglés como segunda lengua), dirigido por una señora blanca, rubia, muy amable que todos llamábamos Sra. O'Donoghue. En mi clase, yo era el único nicaragüense; la gran mayoría era de México, pero también había unos salvadoreños, uno que otro cubano, un dominicano y una muchacha de Venezuela que se llamaba Ximena, por quien mis amigos mexicanos y yo nos babeábamos. En las clases de ESL descubrí que podía ser un buen alumno. Un día la Sra. O'Donoghue nos mostró la película *My Fair Lady* para ilustrarnos que si nos esforzábamos aprenderíamos tan bien la lengua y la cultura que hasta podríamos pasar como americanos. Ella motivó mi aprendizaje por la lengua a tal punto que en menos de seis meses me trasladó a clases regulares de inglés con estudiantes nativos. Nunca le conté que era indocumentado, pero creo que ella lo sospechaba. En el tiempo que estuve sin documentos o con documentos falsos, hubo momentos que intenté aparentar una ciudadanía americana. Rápido, el acento, la cultura, las facciones me delataron. Tuve que ser felizmente, un mexicano más.

Al aprender otra lengua me obsesioné por obtener una educación superior. Después de graduarme de secundaria en 1992, asistí a Cerritos College en la ciudad de Artesia. Como prueba de residencia legal, utilicé un permiso de estadía temporal que obtuve cuando solicité asilo político en 1988. Mi caso de asilo fue rechazado por la corte de inmigración en Los Ángeles, dejándome indocumentado y sin posibilidad de transferirme a una universidad. Pasé nueve años kafkianos dando vueltas por el laberinto de pabellones en Cerritos College, donde completé un título de estudios básicos en los primeros dos años. Seguí tomando todas las clases que pude para mantener viva la ilusión de estudiar en una universidad. Tomé cursos de una amplia gama de disciplinas, que incluía carpintería, enfermería, física, anatomía y fisiología, microbiología, psicología, historia del arte e incluso cursos de canto. En 1999 salí del pequeño laberinto de Cerritos College porque obtuve mi residencia legal a través de la ley NACARA que firmó el presidente Clinton. Ese mismo año fui aceptado en la Universidad de California, Berkeley para estudiar bioquímica, pero cuando tomé cursos optativos de literatura en las facultades de inglés y español, descubrí que no había nacido para ser bioquímico.

En la Universidad de California, Berkeley culminé la licenciatura de literatura comparada en inglés y español. Luego, entré en el programa de Doctorado en Literatura Hispanoamericana, donde tuve que elaborar un proyecto novedoso de investigación para mi tesis doctoral. Un día leyendo un poema de Carlos Martínez Rivas encontré la idea que perseguía mi estilo: "porque es verdad que hacemos fraude". Esa es mi palabra, pensé: "fraude" encarna el sentimiento de falsedad en torno a mí desde mi nacimiento— mi nombre, mi edad, y mi vida indocumentada—. Ahora lo descubría en la poesía y pensé que el verso de Carlos Martínez Rivas corría de forma atávica en mi sangre justo en el momento que me planteaba escribir una disertación sobre el Modernismo (el primer movimiento literario "auténticamente latinoamericano") y supe que había encontrado mi propia forma de teorizar la literatura de mi país. Mis profesores se rieron cuando les dije que quería leer la obra de Darío desde la óptica del fraude. Al notar que estaba en serio, me preguntaron, ¿por qué el fraude?: "Porque es verdad que hacemos fraude", respondí. "Porque aun a costa del fraude y de los juegos de vocablos, continuamos para perpetuar la amenaza, para inventar la necesidad, para mantener el peligro en pie". Atentos, escucharon mi justificación teórica sobre la conexión de esos versos con la estética dariana. Uno dijo que le interesaba el proyecto porque apuntaba hacia una lectura diferente de Darío; los otros dos, aunque no se opusieron, mantuvieron sus reservas, porque no les gustaba que la palabra "fraude" se asociara con la creación de una literatura auténtica.

Mientras finalizo el último capítulo de mi disertación, pienso que puede ser cierto que ciertos hechos se repiten, primero como tragedia y luego como farsa, pero en qué cruce se inicia la trama, el efecto deslizante del fraude, qué cielos aspiran sus alas y en qué choque se origina la pregunta.

At the Cemetery

In Nicaragua shrubs grow in the winter
with the breath of rattlesnakes
Two decades of war, alcohol, and other grievances
had overcrowded the neighborhood of the dead

I walked with my hands on my head
back and forth trying to remember
where my father's grave was

Lightning split headstones of strangers

Snoring came from below
There were no other visitors
Just a squirrel jumping among the graves
A mother hen with her chicks pecking at dog turd
A pig biting the feet of marble angels at the entrance of a mausoleum
Reminded me of the excesses of the rich

I jumped over graves
careful not to step on the dead

I thought to question them
but dared not interrupt their sleep

As a child I would often visit the cemetery
No one knew I went there
the need to see my father's name
the dates of his birth and death
I ran over the graves, trampled plants and flowers
dodged the funeral wreaths of new neighbors

The dead, too, feel when you step on them

Once a dead man rose up angry
"Who is making so much noise, disturbing this dream that smells of
    mud?"
He put his index finger over his mouth and sank back into the ground
Since then, I respect silence like a god

The last time I visited my father before I went north
I told him I didn't want to die in the war
He didn't reply but I knew he was listening
Now I have more to tell him
That I'm older than he was when he died
My son knows him from pictures and asks what he was like
I didn't have children with different women
Nor did I become an alcoholic
And while it's never been easy, I have renounced his inheritance

This poem was translated by the author.

En el cementerio

En Nicaragua el invierno
hace crecer el monte con aliento de cascabeles
Dos décadas de guerra, alcohol y otras quejas
habían sobrepoblado el vecindario de los muertos

Caminaba con las manos en la cabeza
de un lado para otro queriendo recordar
dónde estaba la tumba de mi padre

Los relámpagos partían lápidas de gente desconocida

Empecé a oír ronquidos que venían desde abajo
No había más visitantes
Solo una ardilla saltando entre las tumbas
Una gallina con sus pollos
picoteando excremento de perro
Un chancho a la entrada de un mausoleo
mordiendo los pies de ángeles de mármol
Me hizo pensar en los excesos de los ricos

Salté con cuidado sobre lápidas
para no pisar a los muertos

Pensé interrogarlos
pero no me atreví a interrumpir su sueño

De niño solía visitar el cementerio
Nadie sabía mi paradero
mi necesidad de ver el nombre de mi padre
las fechas de su vida y muerte
Corría sobre las tumbas, estropeando plantas y flores
capeando las coronas fúnebres de los nuevos vecinos

Es que los muertos también sienten cuando los pisas

Una vez un muerto se levantó enojado
"¿Quién hace tanto ruido y perturba este sueño con olor a barro?"

Y se hundió otra vez en la tierra poniendo el dedo índice sobre su boca
Desde entonces respeto el silencio como a un dios

Antes de irme al norte, la última vez que visité a mi padre
le dije no quiero morir en la guerra
Nada replicó, pero yo sabía que me escuchaba
Ahora tengo más cosas que contarle
Que soy mayor que él cuando murió
Mi hijo lo ha visto en fotos y pregunta cómo era
No dejé hijos regados
Tampoco soy alcohólico
Y aunque nunca ha sido fácil, he renunciado a su herencia

Act

I'm going to say what love means

My grandfather said it was the desire of the I for another I
And since then I began to search for you

My father said the number of love was seven
because creation lasted seven days
Seven days making love to its seven nights

I looked for you in each seven that ciphered my life
And I found you slipping away to other numbers

One confuses oneself with one's other self
when two bodies intertwine in bed, three loves
have been in my life, four it will be when you have left
five days that I cannot stand you, six kisses in La Paz Centro
seven years of not finding you, my love, show me
from one to a thousand all your nights

What is your philosophy of love
you ask me in bed. And I respond
It's not a flower but maybe it's a number. Here, I gift it to you
Hide it between your legs. At the count of two
make sure that it does not fall: One
Open Sesame. Two
loves have stepped into your Kingdom

Acto

Yo voy a decir lo que significa el amor

Mi abuelo decía que era el anhelo del yo por su otro yo
Y desde entonces empecé a buscarte

Mi padre decía que el número del amor era el siete
porque siete días tardó la creación
Siete días con sus noches haciéndose el amor

Yo te buscaba en cada siete que cifraba mi vida
Y te descubrí deslizándote a otros números

Uno se confunde con su otro yo
cuando dos cuerpos se entrelazan en la cama, tres amores
ha habido en mi vida, cuatro serán cuando te hayas ido
cinco días que no te aguanto, seis besos en la Paz Centro
siete años de no encontrarte, amor enséñame
del uno al mil tus noches

Cuál es tu filosofía del amor
me preguntas en la cama. Y respondo
No es una flor pero tal vez es un número. Toma, te lo regalo
Escóndelo entre tus piernas. A la cuenta de dos
cuida que no se caiga: Uno
Ábrete Sésamo. Dos
amores han pisado tu Reino

General Index

Travel to horizons
Where my nose points
Wingless and To the North

Drag your knees
Fleeing the war
To the North and the vanguard

Touch hope
Making out the language
To the North and the caresses

Stray on the edges
Dreaming of Los Angeles
To the North and the stay

Write about a kiss
Organizing vowels
To the North and the return

Reject movements
Swinging arms
To the North and the exhaustion

Disguise emotions
Sketching lips
To the North and the songs

Tighten one's waist
Whispering words
To the North and writing

Embrace promise
Shaking hands
To the North and deception

Endure the ordeal
Boxing with shadows
To the North and delirium

Listen to insomnia
Drilling sounds
To the North and its domains

Hide in the attic
Requesting asylum
To the North and the political

Dilate pupils
Bearing asphyxia
To the North and dyslexia

Declare an oath
Slurring words
To the North and documents

In the North
Defy illusions
Designing my wings and other poems

Índice general

Ir a horizontes
Donde apunte mi nariz
Al norte y sin alas

Arrastrar las rodillas
Huyendo de la guerra
Al norte y la vanguardia

Tocar la esperanza
Matizando la lengua
Al norte y las caricias

Divagar en orillas
Soñando con Los Ángeles
Al norte y la estadía

Escribir sobre un beso
Ordenando vocales
Al norte y el regreso

Rechazar movimientos
Agitando los brazos
Al norte y el cansancio

Disfrazar emociones
Dibujando los labios
Al norte y las canciones

Apretar la cintura
Susurrando palabras
Al norte y la escritura

Abrazar la promesa
Estrechando sus manos
Al norte y el engaño

Aguantar el suplicio
Boxeando con la sombra
Al norte y el delirio

Escuchar el insomnio
Taladrando sonidos
Al norte y sus dominios

Esconderse en el ático
Tramitando el asilo
Al norte y lo político

Dilatar las pupilas
Soportando la asfixia
Al norte y la dislexia

Hacer un juramento
Balbuceando palabras
Al norte y documentos

En el norte
Desafiar ilusiones
Diseñando mis alas y otros poemas

Memory

I dreamt I was dying
My veins and arteries
spread from my hands
like a delta
flowing into an empty patio
where some children played
I couldn't tell if they were little men
or little women
because they were naked

My blood went to a far-off continent
black like Africa
to feel something more real than television
I saw that I too was a slave
to the calmness of my sheets
to paydays
addicted to a digital sleepiness

My dream was the night
The night was my face
atrocious as a dagger

This morning the noise of the multitude awakened us
It came from the street
to bury itself in the last space
of our sleeping room
—in the sheets—
where my body wrapped around your body
to burn and forget

Sunlight entered our bedroom
with elegance of a necktie
caressed the collar of a cowardly giant
landing over my marble torso

I realized that little had changed
For my own pleasure

still loyal to the dog collar
And the clock

In between the white sheets
I saw your smiling face
Later in the streets
on the way to work I saw
that all my accomplices
wearing dog collars
smiled at me

Right away, I thought that Hollywood
And my nightmares were alike: almost always
they offer me
A happy ending

Memoria

Soñé que me moría
Mis venas y arterias
se extendieron desde mis manos
como un delta
desembocando en un patio baldío
donde jugaban unos niños
No sabría decir si eran hombrecitos
o mujercitas
porque estaban desnudos

Mi sangre se fue a un continente lejano
negro como el África
para sentir algo más real que la televisión
Vi que yo también era esclavo
de la tranquilidad de mis sábanas
de los días de pago
adicto a la somnolencia digital

Mi sueño era la noche
La noche era mi rostro
atroz como un puñal

Esta mañana el ruido de la multitud nos despertó
llegaba desde la calle
para enterrarse en el último espacio
de nuestra habitación dormida
—en las sábanas—
donde mi cuerpo en tu cuerpo se envolvió
para arder y olvidar

La luz del sol entró con elegancia de corbata
acarició el cuello de un gigante cobarde
se posó sobre mi pecho de mármol

Me di cuenta que poco había cambiado
Por el bien de mi placer
seguía fiel al collar de perro
Y al reloj

Entre las sábanas blancas
vi tu rostro que sonreía
Luego por las calles
camino al trabajo miré
que todos mis cómplices
con collares de perro al cuello
me sonreían

Al momento pensé que Hollywood
Y mis pesadillas se parecen: casi siempre
me brindan
Un final feliz

Upon Returning

When I fled
Nicaragua was
Alone
The young ones had run away
or disappeared. Women
children and elders
had left with the wind and the dawn

It was nineteen eighty-eight when I fled
I was fifteen and
Nicaragua remained
Alone
like the park benches
Maybe one person walked by there

There was no more talk
of Rigoberto. Bullets fell on his chest
Cesar and his two brothers were missing
Carlos died in the mountains

Streets also disappeared
My house abandoned
My father no longer there
My mother my brothers
Alone

The mango and almond trees had fled
Ants walked toward the shadow
I walked in the shadow

My neighbors, the ones in the big house
buying a dream
flew to the United States of America
Managua to Miami: direct flight

I fled as a
MOJADO

Spent nights
                    wet
Flying over rivers
Over fields and roads
I went flying

Crossed Guatemala, Mexico
And finally
                    entered
my paralyzed dream

The United States was not alone
Stocked with people and machinery

Beneath its face of liberty
it was hiding shame

Those dark years
the sun burned my face

Calluses on my feet
gleamed like big coins
until one day
the United States could no longer hide me
            And allowed me to return
Stamped a seal on my chest and gave me flight

In nineteen ninety-nine
a man will enter an Other Nicaragua

In nineteen ninety-nine
                                        Nicaragua
            is still
                                        Alone

At home surrounded by family and memory
The mango and almond trees did not return
The ants remained in the shadow
my mother my brothers. . .

In nineteen ninety-nine
I, too, was

        Alone

        in Nicaragua

Al regreso

Cuando yo me fui
Nicaragua estaba
Sola
Los jóvenes se habían corrido
o habían desaparecido. Mujeres
niños y ancianos
se habían ido con el viento y la aurora

Fue en mil novecientos ochenta y ocho cuando me fui
tenía quince años y
Nicaragua quedaba
Sola
como las bancas en el parque
Tal vez una persona caminaba por ahí

No se escuchó más hablar
de Rigoberto. Las balas cayeron en su pecho
César y sus dos hermanos se perdieron
Carlos murió en la montaña

Las calles también desaparecieron
Mi casa abandonada
Mi padre ya no estaba
Mi madre mis hermanos
Solos

El palo de mango y el almendro se fueron
Las hormigas caminaron a la sombra
Yo caminé en la sombra

Mis vecinos, los de la casa grande
iban comprando un sueño
Se fueron a los Estados Unidos de América
Managua a Miami: vuelo directo

Yo me fui
MOJADO

Pasé noches
                    mojado
Volando sobre ríos
Sobre huertas y caminos
Me fui volando

Crucé Guatemala, México
Y finalmente
entré
a mi sueño paralítico

Estados Unidos no estaba solo
Provisto de gente y maquinaria

Bajo su rostro de libertad
escondía vergüenza

Esos años oscuros
el sol quemaba mi cara

Los callos en mis pies
relucían como grandes monedas
hasta que un día
Estados Unidos no pudo esconderme
            Y me dejó regresar
Puso un sello en mi pecho y me dio alas

En mil novecientos noventa y nueve
un hombre va a entrar a Otra Nicaragua

En mil novecientos noventa y nueve
                        Nicaragua
            continúa estando

                    Sola

En mi casa rodeado de familia y memoria
No volvió el palo de mango ni el almendro
Las hormigas continuaron en la sombra
mi madre mis hermanos…

En mil novecientos noventa y nueve
Yo también estaba

Solo

en Nicaragua

Alexis vs. Pryor

"I have a feeling that black man is going to beat Alexis," my grandfather said in his hoarse voice before the bell rang, sitting in his old chair, his paunch noticeable, watching the black-and-white TV screen. There were like 20 of us in the living room watching the spectacle, mostly family but also neighbors. The uproar started at the sound of the bell, the head movements, shoulders, the tenseness in my neck, the cigarette smoke; some jumped with excitement, almost levitating; others were nailed to their seats with grief-stricken eyes, and others yelled and spun around with outstretched arms. My grandfather didn't say another word, just watched the small television set without moving his thick eyebrows, without even blinking. I kept staring at him, and even though I did not understand what was happening the way I might understand it now, I could sense the seriousness of the night from the look on his face. Something dreadful was happening far from and yet so near to me that it made my heart beat faster. Alexis Argüello was boxing in a ring in the United States, a country that at my 9 years of age I could not imagine. Round by round, Alexis was losing. We waited, holding our breath, for the surprise moment when his bombs, his arm missiles, his powerful fists, with a terrifying blow would crash against Pryor's chin—putting an end to our agony. It was a memorable fight. It ranked eighth among the greatest fights in boxing history. Maybe that may not matter now, but for us, at that time, it was the most important fight in history. Only my grandfather realized, or maybe, we all sensed it, but we could not accept that Pryor possessed superior artillery: the movement of his muscles, his legs, the speed of his fists were terrorizing, and his blows exploded in our eyes. My grandfather had predicted it; Alexis fell in the 14th round. It was a technical knockout.

In silence, we went our separate ways with deep sadness. I went for a walk in the neighborhood; I felt that we all walked sadly. Outside I sensed that all of Nicaragua floated in a night of mourning. A short time later, before he died fighting in the war, Wilmer returned from military service to visit his family. He was stationed in Jalapa, the northern region that borders Honduras. He told us that on the night that Alexis fought there was no combat on the border. Three months ago, almost three decades since that fight, I visited some friends in Panama. I met Rolando, a Nicaraguan who like me was in exile. He told me he, too, had felt that same sensation but in another part of Central America. He said that all of Panama seemed to be in mourning when Alexis lost.

I don't know how real these things are. But when I return to that boxing war by way of YouTube, another sensation comes over me, something that maybe was inherited from my grandfather: I feel that Alexis was not fighting against Pryor. Alexis that night was not Alexis. He was not fighting for himself or for a nation, even less for a history. Alexis was not a man or a woman or a child or an elderly person. I get the feeling that on that night he was an anomalous force, grander than a promise, that escaped reason; maybe he was fighting for a hope. Still today I wonder.

Alexis vs. Pryor

"Tengo la sensación de que ese negro le va a ganar a Alexis", dijo mi abuelo con su ronca voz antes de que sonara la campana. En su silla antigua con el vientre ensanchado miraba la pantalla en blanco y negro. Éramos como 20 personas en la sala viendo el espectáculo, la mayoría familia, pero también vecinos. Con el campanazo, inició el bullicio, los movimientos de cabezas, los hombros, la tensión en mi cuello, el humo de los cigarros. Unos se levantaban en el aire casi levitando, otros estaban clavados en los taburetes con ojos de funeral, y otros giraban y gritaban con los brazos extendidos. Mi abuelo no volvió a decir palabra, solo miraba el pequeño televisor sin mover sus densas cejas, tampoco parpadeaba. Yo lo quedé viendo, y aunque no entendía lo que estaba pasando como quizás lo entienda ahora, sentí, por medio de su rostro, la gravedad de esa noche. Algo temible ocurría lejos y tan cerca de mí, que me causaba palpitaciones. Alexis Argüello peleaba en un cuadrilátero de Estados Unidos, un país que a mis 9 años no alcanzaba a imaginar. Round por round Alexis perdía. Nosotros esperábamos, sin aire, el momento sorpresa en que sus bombas, sus brazos proyectiles, sus poderosos puños, con un golpe aterrador, chocaran con el mentón de Pryor, poniendo fin a nuestra agonía. Fue una pelea memorable. Clasificó en la octava posición entre las peleas más grandes de la historia del boxeo. Tal vez eso no importe ahora, pero para nosotros, en aquel momento, era la pelea más importante de la historia. Solo mi abuelo se daba cuenta, o tal vez, todos lo intuimos, pero no aceptábamos que Pryor contara con una artillería superior: el movimiento de los músculos, sus piernas, la velocidad de sus puños, aterrorizaban; sus golpes explotaban en nuestras pupilas. Mi abuelo lo había vislumbrado, Alexis cayó en el décimo cuarto round. Fue un nocaut técnico.

En silencio, nos retiramos con una profunda tristeza. Salí a caminar por el vecindario; tuve la sensación de que todos caminábamos tristes. Afuera sentí que toda Nicaragua flotaba en una noche de luto. Poco tiempo después, antes de que cayera peleando en la guerra, Wilmer regresó del servicio militar para visitar a su familia; estaba ubicado en Jalapa, la región norte que limita con Honduras. Nos contó que la noche que peleó Alexis, no hubo combate en la frontera. Hace tres meses, a casi tres décadas de esa pelea, visité a unos amigos en Panamá. Conocí a Rolando, un nicaragüense que, como yo, salió exiliado. Me dijo que él también había tenido esa misma sensación, pero en otra parte de Centroamérica. Dijo que toda Panamá parecía de luto cuando Alexis perdió. Yo no sé qué tan reales sean estas cosas. Pero mientras regreso a esa guerra boxística por medio de YouTube, me surge otra sensación, algo que tal vez me heredó mi abuelo: tengo la sensación de que Alexis no estaba peleando contra Pryor. Alexis esa noche no era Alexis. No peleaba para él ni por una nación ni mucho menos para una historia. Alexis no era un hombre ni era una mujer ni un niño ni un anciano. Me surge la sensación que esa noche, era una fuerza anómala, más grande que una promesa, que escapaba la razón; tal vez peleaba por una esperanza. Todavía hoy me lo sigo preguntando.

I, Too, Speak of Rivers

I, too, have known deep rivers in my mind
And in my veins, have known histories—bad stories
And bad people. I tolerated my flaws and have caressed them
as I caress a bird, have embraced rebellious and calm waters

But I have only had one enemy

I have crossed rivers to climb mountains
Rocks have treated me like a rock
Rough grass has burned my feet with rough edges
I have suffered the current of Tecun Uman
And have been delivered to its banks of mangroves
I have traveled in cold water, in the dew's tremor
And my eyes became wet in the darkness

I, too, have known rivers that have lulled me into a dream

I have crossed the Rio Grande walking as an angel
And have embraced the body of my only enemy

I have felt dark rivers that rise high into the air

I, too, have known rivers
Ancient rivers—the same rivers of my fathers

Yo también hablo de ríos

Yo también he conocido ríos profundos en la mente
Y en las venas. He conocido historias—cuentos malos
Y gente mala. He tolerado mis defectos y los he acariciado
como a un pájaro. He abrazado aguas revoltosas y mansas

Pero solo he tenido un enemigo

He atravesado ríos para subir montañas
Las rocas me han tratado como roca
La hierba me ha quemado los pies con su maleza
He sufrido la corriente de Tecún Umán
Y he sido entregado a las orillas de sus manglares
He viajado en el agua fría en el temblor del rocío
Y mis ojos se mojaron en la oscuridad

Yo también he conocido ríos que me han llevado a un sueño

He cruzado el Río Bravo caminado como un ángel
Y he abrazado el cuerpo de mi único enemigo

He sentido ríos oscuros que se erigen altos en el aire

Yo también he conocido ríos
Antiguos ríos—los mismos ríos de mis padres

Stray Thought

The radio on and the warm afternoon. I open my white blinds and can only see my neighbor's white blinds. I have just gotten up. It surprises me not to know what time it is or what day. It must be one of those days I get once a month. Suddenly, a thought comes to me, but what a thought, almost impossible to understand. It comes from outside, probably from the deserted streets. It no longer has a place here in the body; when it does come back, it is ephemeral. I turn on the television: a man kicks a soccer ball; the ball soars to the goal in slow motion; in the air it turns into a shoe: **adidas.** The best prices now follow: the shoes of the greatest sport stars. The stray thought shakes me even more to the point of disgust. Determined, I look for Don Eduardo, my local shoemaker, so he can fix my leather shoes, but they tell me that he no longer has his own shop; he works at the **adidas** factory. Indignant, I return to my room, see my reflection on the windowpane: **adidas**—on my white shirt—. I also notice an envelope on the table behind me. I turn and open it to find a measly check made out to my name. Suddenly the stray thought says to me: **adidas.** And it takes off.

It is now the next day. I'm on my way to the factory, just like the others...

Pensamiento callejero

El radio encendido y la tarde cálida. Abro mis cortinas blancas y solo percibo las blancas cortinas de mi vecino. Me acabo de levantar. Me sorprende no saber qué hora es ni qué día. Debe ser uno de esos días que me dan una vez al mes. De repente un pensamiento me atrapa, pero qué pensamiento, casi imposible de comprender. Viene de afuera, probablemente del desierto callejero. No tiene más cabida aquí en el cuerpo; cuando logra intervenir, es efímero. Enciendo la tele: un hombre patea un balón de fútbol; la bola vuela hacia la portería en cámara lenta; en el aire se convierte en zapato: **adidas.** Ahora siguen las mejores ofertas: los zapatos de las grandes estrellas del deporte. El pensamiento callejero me sacude aún más para darme un sentimiento de asco. Busco decididamente a don Eduardo, el zapatero de mi barrio para que arregle mis zapatos de baqueta, pero me dicen que ya no labora en su casa; se ocupa en la fábrica **adidas.** Regreso indignado a mi cuarto; veo mi reflejo en el cristal de la ventana: **adidas**—en mi camisa blanca—. También percibo un sobre en la mesa a mis espaldas. Volteo y lo abro para encontrar un cheque demacrado a mi nombre. De golpe el pensamiento callejero me dice: **adidas.** Y se marcha.

Ya es el día siguiente. Voy camino a la fábrica, igual que los otros...

Insomnia I

That image was harsh: the action figure on the ground
one timid afternoon of humid colors
Pieces of dreams scattered on the dirt

My fingers exhausted from the movement of my hands
At such young age, pain in my chest
And rage under the shade of an orange tree

The night brought moons that would sink in my hands
I listened to water sobbing
on my lips on the side of the bed
without knowing that a new toy would come

A gift wrapped by the gods

The smile hung one more time on my lips
The jasmines returned, the clear views
And running around in the patio

Dawn surprises me in the act
Sweat from my forehead wets my thirst

Among silk skins, sweating and biting
the blood god lifts itself

Insomnio I

Esa imagen fue dura: el muñeco en el suelo
una tarde tímida de colores húmedos
Pedazos de sueños tirados en la tierra

Los dedos fatigados por el movimiento de mis manos
A pocos años el dolor en el pecho
Y la rabia bajo la sombra de un naranjo

La noche trajo lunas que se hundían en las manos
Escuché el quejido del agua
en los labios al borde de la cama
sin saber que llegaría un nuevo juguete

Un regalo envuelto por los dioses

La sonrisa colgaba otra vez en mis labios
Volvieron los jazmines, las claras miradas
Y el correr en el patio

El amanecer me sorprende en el acto
El sudor de las sienes humedece mi sed

Entre pieles de seda, transpirados mordiscos
el dios de sangre se levanta

The Case of My Books

To Lety Elvir Lazo*

It happened that there were no groceries in the house
I didn't pretend to search in my pockets
I had sold my bookcase
the rest of my furniture
And even my cat

Only my books remained

I had to betray them
They were in a corner of the living room
huddled together to protect themselves

But I did not commit the affront of kissing them

Who might be shaking in those pages, I thought
reading about the battles of my heroes
but I felt the epic scream of hunger
so I let them be taken away roped like animals

I thought my books would forgive
the atrocious moment when I sold them
that the stories they left in my house
would depart. Also the memory of their actors
would forget my astonishment that one time
I turned a page
And the tattered walls would be erased

Water was useless
I spent a whole afternoon scrubbing the walls
where my books lived together
but the shadow they left behind
was permanent

*The Case of Lety Elvir
Profession: Honduran poet and professor at the National Autonomous

University of Honduras and a critic of the coup d'état that her nation suffered in 2009. She questioned the legitimacy of the government that had taken power. For this reason, Lety Elvir's salary was withheld by the university administration. But she was told that the situation would be resolved if she wrote a poem humbly imploring pardon from the administration. Lety Elvir's life, more than a profession, has been the human condition of a poet. And when a poet begs pardon by way of her creation, it is like gunpowder made by an angel. But naturally, the administration didn't know this.

El caso de mis Libros

A Lety Elvir Lazo*

Sucedió que se agotaron los víveres de mi casa
No hice el gesto de buscar en los bolsillos
Había vendido el librero
el resto de muebles
Y hasta mi gato

Solo quedaban mis libros

Tenía que traicionarlos
Estaban en un rincón de la sala
amontonados par protegerse

Pero no cometí el agravio de besarlos

Quién se agitará en esas páginas, pensé
leyendo las batallas de mis héroes
pero sentí el grito épico del hambre
entonces dejé que se los llevaran amarrados como animales

Pensé que mis libros perdonarían
el momento atroz en que los vendí
Las historias que dejaron en mi casa
se marcharían. También el recuerdo de sus actores
olvidarían mi asombro cierta vez
que volteé una página
Y se borrarían las viejas paredes

El agua fue inútil
Pasé toda una tarde restregando las paredes
donde convivían mis libros
pero la sombra que dejaron
fue permanente

*El caso de Lety Elvir
Profesión: poeta hondureña y profesora de la Universidad Nacional

Autónoma de Honduras y crítica del golpe de Estado que sufrió su nación en el 2009. Cuestionó la legitimidad del gobierno que había asumido el poder. Por dicha razón, los honorarios de Lety Elvir fueron suspendidos por la administración de la universidad. No obstante, se le comunicó que la situación podría resolverse si escribía un poema implorando humildemente perdón a la administración. La vida de Lety Elvir, más que una profesión, ha sido una humana condición de poeta. Y cuando un poeta pide perdón por medio de su creación, es como pólvora elaborada por un ángel. Pero como es natural la administración no lo sabía.

Keyboard Voices

Fear
To be or to stop being
Something (someone I have never been)
For being unfaithful to the image
to the ideas or to the spirit
when memory camouflages itself
with lighthearted things

I speak
of words
that revise history
or stitch the rupture of a promise
when they hide the malice
of the one who gives us a toy
to take it away the first day
we play with it and return it
the same day that we forget about it

In my doorway
the hazy memory surprises me
like apparitions of people I wanted
to forget

I speak
of the young men
that came to visit me—Wilmer, Tacha
Rene, Carlos and other friends who died in the war—
Voices from the past that trouble my nerves
before the impunity of oblivion

The pulse in my fingers intensifies
as I attempt to type
on the keyboard by my window

Tonight
flocks of black birds jump
among branches from pine tree to pine tree
They stare at me

Las voces del teclado

Miedo
Ser o dejar de ser
Algo (alguien que nunca he sido)
por ser infiel a la imagen
a las ideas o al espíritu
cuando la memoria se cubre
de cosas leves

Hablo
de palabras
que revisten la historia
o matizan la ruptura de una promesa
cuando cubren la infamia
de quien nos da un juguete
que lo arrebata el primer día
que lo jugamos y lo devuelve
el mismo día que lo olvidamos

En el umbral de mi puerta
la memoria borrosa me sorprende
como apariciones de gente a quien quise
olvidar

Hablo
de los jóvenes
que vinieron a visitarme—Wilmer, Tacha
René, Carlos y otros amigos que murieron en la guerra—
Voces antiguas que alteran mis nervios
ante la impunidad del olvido

Incrementan las pulsaciones de mis dedos
mientras intento escribir
a máquina junto a mi ventana

Esta noche
bandadas de pájaros negros saltan
entre las ramas de pino a pino
Se quedan mirándome

Jump

On the highest trail toward
the mountain. To see your body float
in the water of the river. To hear your blood
descend towards the ocean and rise
along the bends of desire

In the grinding of this rock night
I perceive the pain of your skin
see the path close behind me
And race toward the final act

(This pass is the limit that unites us)

On the edge of the rocks
resounds the river that awaits you. Serene
you walk free toward your fortune
I—prostrate before you—shall be the bridge for your jump

Salto

En el camino más alto ir
de la montaña. Ver tu cuerpo flotar
en el agua del río. Oír la sangre
bajar hacia el océano y subir
por los recodos del anhelo

En el crujido de esta noche piedra
percibo el dolor de tu piel
veo el camino cerrarse a mis espaldas
corro hacia al acto final

(Este paso es el límite que nos une)

En el borde con las piedras
resuena el río que te aguarda. Serena
caminas libre hacia tu suerte
Yo—tendido a ti—seré el puente de tu salto

To the North

(September 24, 1988, sometime around 3 PM.)

He told us we couldn't stop running, El Caballo Blanco, a quiet man with rough features—I didn't know why they had given him that nickname. We had to run several miles down a rocky path when we crossed the border from Guatemala to Mexico. In Mexican territory, we ran even though no one was chasing us. We were running in a big pack of forty people (women, men, and even children), the majority from Central America, maybe one, two, or three from farther down South. It was under these circumstances that what happened happened, with our frightened souls not seeing whom we were running from. They said that it was from the Mexican border patrol, but I never really saw them chasing after us. The landscape seemed peaceful, sunny, and green, but it was a dry heat. The Suchiate River had left us exhausted. It was even worse for those of us who said we knew how to swim, and on top of that were smokers, because those who could not swim across the river crossed it on tire tubes guided by locals. I almost drowned because of exhaustion and had to let the current carry me like two hundred meters down the river. But that isn't what I wanted to narrate. I wanted to tell what happened to Don Eduardo. I believe that was his name. If it wasn't, that will be his name in this story. No one knew of Don Eduardo's sickness. He probably hid it because he was afraid that El Caballo Blanco would refuse to cross him over. In one of many conversations, while staying at the Montecarlo Hotel in Guatemala City, which was frequented by criminals, transvestites, and prostitutes, he told me that his two daughters were waiting for him over there in the United States, that they had married gringos and that he had American grandchildren. He proudly showed me photos. He said that they had finally bettered the race. I laughed, imagining with a certain joy how beautiful it would be to have kids with a blue-eyed blonde, a face like Brooke Shields when she starred in *The Blue Lagoon*. I was running and taking long strides; running next to me was El Venado, a young man from the Caribbean coast of Nicaragua, excellent dancer, good at joking and drinking. He got his nickname during our stay in Guatemala. While we waited for El Caballo Blanco's "cargo" to fill up, he passed the time drinking that cheap rum, El Venado; it was for him the best thing he had ever drunk because it had a strong kick, he said. I hung out with him when I was a few months shy of turning sixteen. I liked to talk with him because he made me feel like a grown-up. I thought that we would continue to be friends once we got to the United States. I never saw them again, not El Venado and not Don Eduardo. But in the case of Don Eduardo, it was different because he was never able to step on American soil: his dream, his promised land, only a few family photos. He had seen it by way of the faces of his progeny, who were much whiter than the nephews and relatives that he had left behind. We had run a long stretch when Don Eduardo collapsed. He was of average height and thin. He said he had recently turned 55. El Caballo Blanco had sent him ahead, and shortly afterwards we found him fallen on the trail, spewing white foam from his mouth and convulsing like he was possessed by a demon. His words unintelligible, his eyes rolled back, and his head was slamming against the ground. Only El Venado and I stopped—the two drunks in the group—. Nobody else knew what had happened to Don Eduardo. El Venado grabbed him by the legs because he was stronger, and Don Eduardo kicked uncontrollably as if he were still running. I tried to control his head, which was bleeding from pounding against several rocks on the ground. We held him like that for a long time. Everything came to a halt, even the convulsion that made his chest jump. It was a strange sensation. I had never seen anyone die, much less had anyone die in my hands. In that moment I would have liked to trade places with El Venado, holding Don Eduardo's legs. Perhaps I would not have felt his death as much. But it was on me to hold his graying head, his skull, his mind, his forehead, his eyes, his eyelids, his eyelashes, his eye sockets, his eyebrows, his nose, his mouth, his twisted tongue, his jaw, his neck. All of it was extinguished in an instant. The white foam continued to spew from his mouth only by inertia, but Don Eduardo's soul had already crossed the border. I had seen something similar many years before in my hometown, a young woman that sold cheese on the sidewalk at the market. Her cheese tray had been knocked over because she had collapsed on top of it, and the cheese began to roll on the ground. Several people helped her. I was a child then and was frightened by the white spit that gushed from her mouth. All I could think of doing was running back home. But I didn't. I wanted to see what would happen to her. That's when I saw that some of the same people that were helping her were stealing her cheese.

Al norte

(24 de septiembre de 1988 como a las 3 PM.)

Nos había dicho que teníamos que correr sin parar, el Caballo Blanco, un hombre callado de complexiones ásperas. No supe por qué había recibido ese apodo. Tuvimos que correr varios kilómetros en un camino pedregoso cuando cruzamos la frontera de Guatemala a México. En territorio mexicano, corrimos, aunque nadie viniera detrás; íbamos corriendo en bandada; éramos cuarenta personas (mujeres, hombres y hasta niños), la mayoría de Centroamérica, tal vez uno, dos, o tres que venían de más al sur. En esas circunstancias fue como sucedió lo que sucedió, con el alma despavorida sin ver de quién corríamos; decían que de la Migra mexicana, pero en realidad yo nunca los vi venir. El paisaje se veía pacífico, soleado, con mucha vegetación, pero con calor seco. El río Suchiate nos había dejado cansados; todavía fue peor para los que dijimos que sabíamos nadar, y que además fumábamos, porque los que no podían cruzar el río nadando, lo hicieron por medio de unos neumáticos guiñados por nativos del área. Yo casi me ahogo de cansancio y tuve que dejarme arrastrar por el agua como doscientos metros río abajo. Pero esto no era lo que quería narrar, quería contar lo que le sucedió a don Eduardo. Creo que así se llamaba. Si no era ese su nombre, en este relato así se llamará. Nadie sabía el mal de don Eduardo; probablemente lo ocultó porque tenía miedo de que el Caballo Blanco se negara a pasarlo. En una de muchas conversaciones, mientras estábamos hospedados en el Hotel Montecarlo en la ciudad de Guatemala, donde llegaban muchos maleantes, travestis y prostitutas, me dijo que allá en la USA lo esperaban sus dos hijas, que se habían casado con gringos, y que tenía nietos americanos. Me enseñó orgulloso las fotos. Dijo que al fin habían mejorado la raza. Yo me puse a reír, imaginando con cierto júbilo cómo sería de bello tener hijos con una mujer rubia, de ojos azules, un rostro semejante al de Brooke Shields cuando protagonizó *La laguna azul*. Yo corría dando grandes zancadas. A mi lado venía corriendo el Venado, un hombre joven originario de la Costa Caribe de Nicaragua, excelente bailador, bueno a los chistes y al guaro. Su apodo lo recibió porque durante la estadía en Guatemala, mientras esperábamos que se llenara "el cargo" del Caballo Blanco, la pasó bebiendo ese ron barato: el Venado. Era para él lo mejor que había tomado porque pateaba fuerte decía; yo lo acompañaba con mis casi 16 años. Me gustaba hablar con él porque me hacía sentir como una persona mayor. Yo pensaba que cuando llegáramos a la USA, seguiríamos siendo amigos. No los volví a ver, ni al Venado ni a don

Eduardo. Pero el caso de don Eduardo fue diferente porque él nunca pudo pisar suelo americano: su sueño, su tierra prometida, solo unas fotos de familia. La había visto por medio de los rostros de su progenie, que eran mucho más blanquitos que los sobrinos y familiares que había dejado atrás. Habíamos corrido un largo trecho, cuando colapsó don Eduardo. Tenía una estatura mediana y era delgado. Dijo que acababa de cumplir 55 años. El Caballo Blanco lo había mandado adelante. Poco después lo encontramos tirado en el camino, tirando espuma blanca por la boca y retorciéndose como un demonio: sus palabras ininteligibles, los ojos volteados y su cabeza pegaba contra el suelo. Solo el Venado y yo nos detuvimos—los dos borrachos del grupo—. De ahí, nadie supo lo que había sucedido con don Eduardo. El Venado lo tomó de las piernas porque era más fuerte, y don Eduardo pataleaba sin control, tal como si continuara corriendo. Yo traté de contenerle la cabeza, que estaba sangrando porque había pegado con varias rocas en el suelo. Así lo tuvimos por un largo rato. Se detuvo todo, también la convulsión que hacía saltar su pecho. Era una sensación extraña. Nunca había visto morir a nadie ni mucho menos nadie se había muerto entre mis manos. En ese momento me hubiera gustado estar en el lugar del Venado, deteniendo las piernas de don Eduardo. Quizás su muerte no la hubiera sentido tanto. Pero me tocó su cabellera grisácea, su cráneo, su mente, su frente, sus ojos, sus párpados, sus pestañas, sus cuencas, sus cejas, su nariz, su boca, su lengua retorcida, su quijada, su cuello. Todo aquello se apagó en un instante. La espuma blanca continuó saliendo de su boca como por inercia, pero el alma de don Eduardo ya había cruzado la frontera. Algo semejante había visto muchos años antes en mi ciudad: una joven que vendía queso en la acera del mercado. La pana de queso se le había volteado porque ella colapsó encima, y el queso empezó a rodar por el suelo. Varias personas la ayudaron. Yo era un niño entonces, y me aterrorizó la baba blanca que le brotaba de la boca. En lo único que pensé fue en regresar corriendo a casa. Pero no lo hice. Quise ver qué sucedería con ella. Ahí fue cuando también vi que algunos de los que le ayudaban a su alrededor, le estaban robando el queso.

Luxembourg

To Jessica Becker

The dream lasted twenty or thirty seconds

One   two   three...

In my dreams units of time do not exist
but the open blue window in the laptop and your eyelids
computed my breaths

seven   eight   nine

A compatriot would say: "that is a pitahaya
Pure fruit, blood red inside, deep
It grows only under our tropical sun"

fourteen   fifteen   sixteen...

You would observe me between waking and dreaming

I opened my eyes
And clashed with the blue background of your snow body
From my window I saw
your beautiful palaces your gardens your border with Germany

The pitahaya returned to my eyes
I thought that my philosophy of love
was perhaps a fruit
I clicked the keyboard: saw your dimensions
your undisclosed accounts your numbers...

Snow fell covering rooftops
Your flesh of steel, cold, slowly becoming white

The thing is, the pitahaya has dimensions similar to the clock on your
    bosom
to my breathing, to the ache and the rhythm

Luxemburgo

A Jessica Becker

Veinte o treinta segundos tardó el sueño

Uno   dos   tres...

En mis sueños no existen unidades de tiempo
pero la pantalla azul abierta del portátil y tus párpados
computaban mis respiraciones

siete   ocho   nueve

Un paisano decía: "eso es una pitahaya
Fruta pura, color sangre por dentro, profunda
Crece solo bajo nuestro sol tropical"

catorce   quince   dieciséis...

Me observabas entre el despertar y el sueño

Abrí los ojos
Choqué con el trasfondo azul de tu cuerpo nieve
Vi desde mi ventana
tus bellos palacios tus jardines tu frontera con Alemania

La pitahaya retornó a mis pupilas
Pensé que mi filosofía del amor
era tal vez una fruta
Hice "clic" al teclado: vi tus dimensiones
tus cuentas anónimas tus números...

Caía nieve cubriendo los tejados
Tu carne de acero, fría, pausadamente blanca

Es que la pitahaya tiene dimensiones similares al reloj en tu pecho
a mis respiraciones, al dolor y al ritmo

LEÓN SALVATIERRA WAS BORN
THE DAY THEY KILLED SOMOZA

I was born the day they killed Somoza
At ten thirty in the morning
like gunsmoke the news spread
through the streets of my barrio
I had been born with great gusto
So they named me Augusto
There were celebrations and toasts in my name

I was born the day they killed Somoza
My parents had already lost
five children. I had lost
five brothers. But I came out into the light healthy
Eyes: neither one inflamed
Arms: neither one fractured
Two legs free of blemishes and sores. My small
fingers, one by one were complete
My fingernails intact. My skin, red with wrinkles

(But time knows that I was trapped
in my mother's womb)

I was born without crying
It's true. The umbilical cord was strangling me
but nothing was damaged. My fists and feet
moved like fruit and tropical branches
My parents cried for me. They say everyone could see it
in their faces. Well, I was happy news

I was born the day they killed Somoza

LEÓN SALVATIERRA NACIÓ EL
DÍA QUE MATARON A SOMOZA

Yo nací el día que mataron a Somoza
A las diez y media de la mañana
como pólvora la noticia corrió
por las calles de mi barrio
Había nacido a gusto
Así me llamaron Augusto
Hubo celebración y brindis en mi nombre

Yo nací el día que mataron a Somoza
Mis padres ya habían perdido
cinco hijos. Yo había perdido
cinco hermanos. Pero salí bueno a la luz
Los ojos: ninguno de ellos inflamado
Los brazos: ninguno de ellos fracturado
Dos piernas sin marcas ni llagas. Mis dedos
pequeños, uno a uno estaban completos
Mis uñas intactas. Roja la piel con arrugas

(Pero el tiempo sabe que pasé encerrado
en el vientre de mi madre)

Nací sin llanto
Es verdad. Me estrangulaba la cuerda umbilical
pero nada se había estropeado. Mis puños y pies
se movían como frutas y ramas tropicales
Mis padres lloraron por mí. Dicen que se les notaba
en la mirada. Pues fui una noticia feliz

Yo nací el día que mataron a Somoza

Boom

Old buildings are falling in the metropolis

Like the trees from my childhood
Axes thudding into their trunks, falling one by one
Didn't matter that they served as windbreaks
shielding us from dust storms and the roaring of the train

The woodcutters ignored the cries of the birds

Old buildings are falling in cities in the north
as though no one were witnesses to their dying
except people grieving under highways

Giant construction cranes fill the streets and sidewalks
Rise against the sky like biblical towers aiming to stoke the sun
Their engines shake the ground and traffic is worse

In the north old buildings are falling one by one
Construction cranes won't hear the cries of the birds

This poem was translated by the author.

Boom

Los edificios viejos van cayendo en las metrópolis

Como los árboles de mi niñez
Las hachas sonaban sobres sus lomos, y caían uno a uno
No importaba que sirvieran de cortinas rompevientos
para escudarnos de las tolvaneras y el rugir del tren

Los leñadores ignoraban el grito de los pájaros

Los edificios viejos van cayendo en las ciudades del norte
como si nadie fuera testigo de sus muertes
excepto la gente que llora en los pasos a desnivel

Gigantes grúas constructoras pueblan las calles y aceras
Se erigen contra al cielo como torres bíblicas queriendo atizar el sol
Sus motores hacen temblar el suelo y el tráfico se agudiza

En el norte los viejos edificios van cayendo uno a uno
Las grúas constructoras se rehúsan a escuchar el grito de los pájaros

Paranoia

Today I have lost my memory
I know nothing of a love
I don't recognize my mother
my brother my father
I woke up with a blank mind
Maybe a hurricane
has taken the tenderness
from the streets. Some
houses and their faces. I don't know
if for whimsy or rage
some faces seem to me
so transparent, others so strange
that they frighten me. It would appear
that their cackling is making fun of a love

Paranoia

Hoy he perdido la memoria
No sé nada de un amor
Desconozco a mi madre
a mi broder a mi padre
He despertado en blanco
Tal vez un huracán
se ha llevado la ternura
de las calles. Algunas
casas y sus rostros. No sé
si por capricho o por rabia
unas caras me parecen
tan obvias otras tan extrañas
que dan miedo. Parecieran
burlarse a carcajadas de un amor

. . .Watching TV

A caress on the hair, moving down the shoulders, after working all week with an empty stomach for a man who sends machines to the streets, which block the path of young boys that lose patience in achieving their goals, which were placed by their parents in their lunch boxes really early in the morning along with a kiss on their forehead and a "Behave."

They don't want you to be late for the granting of good conduct certificates and student honors, which were good for nothing when you were smoking on the hill over that dam where you learned how to swim, thanks to the senselessness of your best friend, who pushed you into the water without thinking that you could get stuck, without saying one single word. She was beautiful but she didn't like the quiet ones: "they don't inspire confidence"—she'd say—, "even in bed they don't know what side to sleep on and they go straight to dreaming about bringing out their extroverted side in that moment."

The most beautiful girl never wanted the first waves of suitors, but she became convinced that there was no better candidate in the city because no one looked at her in the same way at the nightclubs. When she met him, she didn't show any interest in what the young man said, but love can be created, and it seeped into her bosom like the trembling sound from the speakers.

Her image wavered with the cold of the dawns, an image that love could not touch, but the voice of the young man that said something, faintly clear, was transformed into an irreversible act. Her reflection faded until she became his woman.

Now the young man deeply a man

An old man, exhausted from working, with an empty stomach, closes his remote eyes, puts down the remote control, when he feels a caress on the hair, moving down his shoulders. . .

. . .Viendo tele

Una caricia en el cabello, deslizándose por los hombros, después de trabajar toda la semana con el ombligo de punta hacia dentro, al servicio de un hombre que envía máquinas a las calles, estorbando el paso de los jovencitos que pierden la paciencia por llegar a las metas, que pusieron sus padres en la fiambrera muy temprano con un beso en la frente y un "Pórtate bien".

No quieren que llegues tarde a la repartición de títulos de buena ciudadanía y honores estudiantiles, que de nada sirvieron cuando andabas fumando en la loma sobre aquella presa donde aprendiste a nadar, gracias a la insensatez de tu mejor amigo, que te empujó en el agua sin pensar que podías quedarte trabado, sin hablar una sola palabra. Era bella pero no le gustaban los callados: "no inspiran confianza" —decía—, "ni en la cama saben a qué lado dormirán y se van directamente al sueño queriendo aflorar lo extrovertido en ese momento".

La más bella nunca quiso las primeras olas de pretendientes, pero se convenció que no había mejor partido en la ciudad porque nadie la veía de la misma manera en las discotecas. Cuando lo conoció, no le puso interés a lo que el joven dijo, pero el amor se inventa, y atravesó su pecho como el sonido tembloroso de los parlantes.

Su imagen vacilaba con el frío de los amaneceres, una imagen que el amor no podía tocar, pero la voz del muchacho que decía algo, no muy claro, se transformó en un acto irreversible. El reflejo de ella se desdibujaba hasta que se hizo su mujer.

Ahora el joven profundamente hombre

Un hombre viejo y cansado de trabajar con el ombligo de punta hacia adentro, apaga sus ojos remotos, desprende el control de su mano, cuando recibe una caricia en el cabello, deslizándose por los hombros. . .

Insomnia C

If sleep seduces you take out your harp
And touch the interior of your kingdom

Let the rhythm in your fingers violently flood
the dormant room of your hands

Devour among the forests of the eyelids
the delirium and lights of the city

Walk among cloned bodies
by walls of mirrors on narrow sidewalks

Do not be convinced by suicide
—carrion of sensationalism—

Seek shelter under the trees
the few pallid ones that remain on sidewalks
And hang yourself from their branches like a bat

Play your harp
amidst that multitude
without them being an audience that applauds for you
Swing among lucid leaves of your dream
Covered with the shade of the spiritless
Do not sleep yet...so they will not read the front page

Insomnio C

Si te seduce el sueño saca tu arpa
Y toca el interior de tu reino

que el ritmo de los dedos inunde con violencia
la habitación dormida de tus manos

Devora entre la zona selvática del párpado
el delirio y las luces de la ciudad

Camina entre cuerpos clonados
por paredes de espejos sobre cunetas flacas

No convenza el suicidio
—carroña del sensacionalismo—

Ampárate a los árboles
a los pocos que quedan pálidos en las aceras
Y cuélgate de sus ramas en forma de murciélago

Toca tu arpa
en medio de aquella muchedumbre
sin que sirvan de público ni aplausos
Mecida entre las hojas lúcidas del sueño
Cobijada en la sombra de los inhabitados
No duermas todavía. . .que no lean portada

The Night Manny Pacquiao Reconfigured Oscar De La Hoya's Beautiful Face

The left hand: ten inches
the perimeter of Manny's
fist. Enthroned
with honors and crowns
triumphs and flags go
toward a cruel battle
Manny sees the swollen
cheekbone as a speed bag
"Pacquiao, it's skin and bone
Not leather and sand"

(22 million voices
shout out his name)

The bell is the call
His nose is not strong enough
It is fragrant cartilage
If you hit it from one side
the nasal septum breaks
He no longer smells flowers
or the perfume of his Helen
And the swollen forehead
bruises when Manny's
hands move in and out

(22 million aches
across his beautiful face)

Oscar says: "I don't want to lose
the fine features of my face"
Pacman, pound for pound
sees the night fall in blood
Oscar, battered and unwilling
with a humble and tense gaze
in his corner seeks advice

A doctor examines his injury
The defeat is understandable

(22 million see him
cry in a crimson luster)

He gave up in the ring
His arms were two spears
that remained there
collapsed without a warrior
like in a Homeric epic
the lances of Hector
who suffered in his stupor
against those of Achilles
Never before did I see a thousand voices
fall in painful sadness

(22 million dollars and the sketch
of his new face was displayed)

La noche que Manny Pacquiao reconfiguró el bello rostro de Oscar De La Hoya

Mano izquierda: diez pulgadas
el perímetro empuñado
de Manuel. Entronizado
con honores y coronas
van los triunfos y banderas
hacia una batalla cruel
Una pera ve Manuel
en el pómulo exaltado
"Es piel y hueso, Pacquiao
No una pera de piel"

(22 millones de voces
pronuncian su nombre)

La campana es el llamado
Su nariz no es de aguante
Es cartílago fragante
Si le pegas por un lado
queda el tabique averiado
Más las flores no se sienten
ni el perfume de su Helen
Y la frente cabizciega
se malluga cuando llega
la manito en un vaivén

(22 millones de dolores
corren por su bello rostro)

Oscar dice: "No quiero perder
las finas facciones de mi cara"
Pacman, libra por libra
ve el sangriento anochecer
Oscar, golpeado y sin querer
con la mirada humilde
Y tensa se asesora de

tener en la esquina a un doctor
que examina su dolor
El fracaso se comprende

(22 millones en un resplandor
bermejo lo ven llorar)

Cedió en el cuadrilátero
Dos jabalinas fueron
sus brazos ahí quedaron
desplomados sin guerrero
como en épica de Homero
las lanzas de Héctor
que sufrió en su estupor
ante aquellas de Aquiles
Nunca antes vi caer miles
de voces en triste dolor

(22 millones de dólares y el croquis
de su nuevo rostro fue erigido)

Christmas News

PRESIDENT CLINTON SIGNS NACARA LAW

It says in the newspaper that I don't have to leave
Today December 24, 1999

In the United States of America a space opens up
After eleven years, I am born again: NACARA LAW

is the name of my new baptismal faith. The signature
of a president has given legal form to my appearance

At last I can telephone Nicaragua and say
"Mama, they have signed my papers in Washington
I will be able to board a plane from Los Angeles
fly free among the clouds
And carry a big sack like Santa Claus"

Noticia de Navidad

EL PRESIDENTE CLINTON FIRMA LEY NACARA

Ha dicho el periódico que no me tengo que ir
Hoy 24 de diciembre de 1999

En los Estados Unidos de América surge un lugar
Después de 11 años he vuelto a nacer: LEY NACARA

se llama mi nueva fe de bautismo. La firma
de un presidente ha dado forma legal a mi semblante

Al fin puedo llamar por teléfono a Nicaragua y decir
"Mamá, han firmado mis papeles en Washington
Ya podré subir en un avión desde Los Ángeles
volar libre entre las nubes
Y llevar un bolsón grande como Santa Claus"

Gift

On a late summer afternoon, the husband arrived home from work excited. It was their first wedding anniversary. He had reserved a table at an exclusive restaurant at the top of a hill on the outskirts of Los Angeles. From there, they would see the lights shine and dream in the city. They had met at a community law center when he showed her step by step how to fill out the immigration forms, and Luz taught him how to roll his r's to pronounce her last name: "Guerrero." He found Luz in the bedroom, getting ready. She kissed him and took the dozen red roses he had brought along with a box of chocolates and a fancy Hallmark card. Before reading the card, she placed the roses on the dresser and the chocolates on the bed. The card had a printed sentiment of love and hope in gold lettering. On there: happy words, gratitude, optimism for the future. He had handwritten a note stating they would continue to have good luck with God's help. And he signed it.

Luz had been crafting his gift for weeks. Now it was ready: a rectangular box the size of a microwave. She had wrapped the gift with red velvet and embroidered ribbons of various colors. Small white hearts that looked as if they were made of pearls were hanging on the sides.

He decided to open it immediately. She, slender, flirtatious, and almost naked, with her damp and loose hair, took one of the roses and put it on the floor as she sat on the bed. Wearing new lingerie, she spread her legs and leaned back, steadying herself with both hands. The lights in the room were turned off because there was still plenty of sunlight coming through the window. He had sat down on the rug to open the gift. With her feet she picked up the rose she had put on the floor and felt the smoothness of its petals against her legs. The husband carefully unwrapped the package; he said he would save the hearts like relics. Flattered, she smiled. After he stripped off the velvet, he found a box covered with glitter. Fascinated, he looked at the drawings and colors of the wrapping paper. He began to open it slowly with the concentration of a surgeon. His curiosity increased. What was inside was wrapped in newspaper. He said he wanted to save this as well. He could read the front page of the *Los Angeles Times*: PETE WILSON STILL DEFENDING PROP. 187 AND FIGHTING FOR A BETTER PLACE IN HISTORY, and photos of the World Cup. At the bottom, in a smaller font: CHOLERA EPIDEMIC CONTINUES IN HAITI. He crumpled it and tossed it aside. Under the newspaper there was still more wrapping. Sweat beaded on his forehead, and he begged Luz to tell him what the gift was. Giving him a look of disapproval, she said that at the end he would be delighted. He started to unwrap the gift with less care and tried to guess its contents. Because he became impatient, he didn't notice that the sides of the new box were more elaborate than the previous one. Although the gift was now oval-shaped, he couldn't tell what it was. He tried recalling their shopping trips; maybe an object had caught his interest, and she had noticed—nothing came to mind.

Luz had taken out the chocolates from the box; She had arranged them in a row to outline her curvy hips. One by one she would put them in her mouth without biting into them, melting them with her warm breath.

He continued unwrapping, but at this point he was careless. His fingers, swollen with frustration, became clumsy, ripping many layers of wrapping paper. The repetition annoyed him and made him forget his initial, almost religious carefulness. Now he was opening packages, in which he discovered other packages, each time smaller, like a Russian doll. As he started to lose patience, his vision faltered like a battered boxer in the late rounds. His sense of surprise had turned to anger and desperation. He turned to look at Luz, who continued to savor chocolates as she smiled at him playfully. The husband, without paying attention to any details, kept tearing apart the fancy wrapping, layer after layer, until all that was left was a small cardboard box that fit easily in his hand. When he opened it, he discovered what he would never have expected. It was empty, except for a handwritten note. He held the note close to his face and adjusted his glasses. The writing was a short poem he didn't recognize—"Instructions for Unwrapping Gifts" by Cortazar. She had found it on the internet. He didn't read it. He stood up in outrage and glared at his wife. This time, Luz felt the cold in his gaze, his void and bleak eyes, two bullets directed at her. Instinctually she closed her legs.

The husband came closer to her and let the entire weight of his tense body fall onto the bed. He lay next to her, closed his eyes, and remained silent until he fell asleep. The sunlight was dim and dull in the room. Luz sat up and moved to the edge of the bed, turned to the dresser to look at the roses and saw her image darken in the mirror. She felt the dark thickening in the air to the point that she no longer distinguished the red in the roses. She looked out the window and everything had turned dark. Nobody would see her sitting on her bed, framed by the rectangular ceiling. Nobody would see her wrapped in the walls of her bedroom. And nobody would come to destroy them.

Regalo

A finales de una tarde de verano, el esposo llegó a casa entusiasmado del trabajo. Se cumplía el primer aniversario de su boda. Había reservado una mesa en un restaurante exclusivo, sobre una colina en las afueras de Los Ángeles. Desde ahí verían las luces arder y soñar en la ciudad. Se habían conocido en un centro comunitario de leyes, cuando él le enseñó paso a paso a llenar los formularios de inmigración, y Luz le enseñó a pronunciar las erres para decir su apellido: "Guerrero". Encontró a Luz en la habitación, arreglándose. Ella le dio un beso y tomó la docena de rosas rojas que él traía junto a una caja de chocolates y una fina tarjeta Hallmark. Antes de leer la tarjeta, puso las rosas en el tocador y los chocolates en la cama. En la tarjeta venía impreso un pensamiento en letras doradas de amor y esperanza. Ahí: palabras felices, agradecimiento, optimismo para el futuro. El esposo, con su propia letra, añadió que con la ayuda de Dios seguirían siendo afortunados. Y puso su firma.

Luz llevaba semanas diseñando el regalo para él. Ahora lo tenía listo: una caja rectangular, del tamaño de un horno microondas. Ella había envuelto el regalo con terciopelo rojo y cintas bordadas a colores. Por los lados caían pequeños corazones blancos, que parecían hechos de perlas.

Decidió abrirlo de inmediato. Ella, esbelta, coqueta y casi desnuda, con su cabello húmedo y todavía despeinado, tomó una de las rosas y la puso en el piso mientras se sentaba en la cama. Estrenando lencería, abrió las piernas y reclinó la espalda sujetándose con ambas manos. Las luces de la habitación estaban apagadas porque todavía entraba bastante luz del sol por la ventana. Sobre la alfombra se había sentado el esposo para abrir el regalo. Ella recogió con sus pies la rosa que había puesto en el piso y sentía la tersura de los pétalos rozando sus piernas. El esposo desempacaba el regalo con cuidado; dijo que guardaría los corazones como reliquia. Ella sonrió halagada. Luego que despojara el terciopelo, encontró una caja cubierta de purpurina. Miraba fascinado los dibujos y colores del papel regalo. Procedió a abrirla despacio con la concentración de un cirujano. Se intensificaba su curiosidad. Lo que había dentro, estaba envuelto en papel periódico. Dijo que también lo quería conservar. Pudo leer la portada de *Los Ángeles Times*: PETE WILSON TODAVÍA DEFIENDE LA PROPUESTA 187 Y LUCHA POR UN MEJOR LUGAR EN LA HISTORIA, y fotografías del mundial. En la parte inferior en letras más pequeñas: CONTINÚA EPIDEMIA DE CÓLERA EN HAITÍ. Lo hizo puño y lo puso a un lado. Descubrió que debajo del periódico todavía había más envoltorios. Ya transpiraba por la frente, y le rogó a Luz que le dijera lo que había adentro. Mirándolo con reproche, ella dijo que al final se deleitaría. El esposo procedió a desempacar con menos disposición y trató de adivinar su contenido. Por su impaciencia, no se fijó que las paredes de la nueva caja estaban más elaboradas que las de la caja anterior. Aunque el regalo ahora tenía forma ovalada, no le daba pista de lo que podría ser. Hizo un esfuerzo por recordar salidas de compras; quizá él se había distraído en algún objeto, y ella lo había notado— nada concurrió a su memoria.

Luz había sacado los chocolates de la caja, los había ordenado en cadena, bordeando sus lozanas caderas. Se los metería uno a uno en su boca sin masticarlos, derritiéndolos con el calor húmedo de su paladar.

El esposo desempacaba, pero a este punto lo hacía de forma desordenada. Sus dedos inflamados de ansia se entorpecían, rompiendo muchas capas de papel regalo, olvidando con el fastidio de la repetición, su parsimonia inicial, casi religiosa. Ahora abría paquetes, en los que descubría otros, que cada vez se hacían más pequeños como una muñeca rusa. Se fue achicando su paciencia; lo venía cegando como a un boxeador asediado por los golpes en los últimos rounds. La sensación sorpresa bordeaba la linde del enojo y la desesperación. Volvió su mirada a Luz, que continuaba saboreando chocolates y le respondía con una sonrisa juguetona. El esposo, sin atender detalles, siguió destruyendo finas envolturas, capa tras capa, hasta llegar a una pequeña caja de cartón, que fácilmente cabía en la palma de su mano. Al abrir la cajita descubrió lo que no se atrevía a sospechar. Estaba vacía, salvo por una nota escrita a mano. Acercó la nota a su rostro y ajustó sus gafas. Era un poema corto que no reconoció. Ella lo había encontrado en Internet. Se trataba de un texto de Cortázar: "Instrucciones para desempacar regalos". No lo leyó. Indignado se puso de pie y miró a su mujer. Esta vez, Luz sintió el hielo de su mirada, sus pupilas vacías y lúgubres, dos balas dirigidas hacia ella. Como por instinto cerró las piernas.

El esposo se le acercó y dejó caer el peso de todo su cuerpo irritado en la cama. Se recostó a su lado, cerró los ojos, y permaneció en silencio hasta quedarse dormido. La luz del sol era tenue y opaca en la habitación. Luz se levantó y se sentó en el borde de la cama, volvió la mirada hacia el tocador para ver las rosas y vio su imagen oscurecerse en el espejo. Sintió la oscuridad espesarse en el aire al punto que no podía distinguir el rojo de las rosas. Volvió la mirada hacia fuera por la ventana y vio que todo se había tornado oscuro. Nadie la vería sentada en su cama, encuadrada por las orillas rectangulares del cielo raso. Nadie la vería envuelta entre las paredes de su cuarto. Y nadie vendría para destruirlas.

Santa's Diet

To Dylan Salvatierra

Week after week the boy kept lists
of good behavior and accomplished chores
Accumulating points in the system his father had designed
Carefully with his red pencil he added the total to his calendar

The boy had enough points and only one doubt
His apartment didn't have the warmth of a fireplace

He wondered

If Santa could enter through his little window
He measured it with the ruler he used in math class
Imagining Santa with his voluminous body, sucking in his belly
Concluding that if Santa could fit through chimneys
he would have no problem entering his apartment

Winter arrived at his home with the cold harshness of unemployment
But the boy wrote to Santa with the cheerfulness of spring
He included his calendar of points and a wish list
asked for a bicycle, skates, video games, a cell phone
Beyblades, superhero toys and even a laptop
Everything his friends had in this marvelous country

Christmas Eve came and after dinner he went to sit down
by the window and slept there dreaming of Santa's beard

He woke up next to a package of Beyblades
His father told him for sure Santa was so fat
he couldn't fit all the toys through the small window

The boy smiled and played with his Beyblades, thinking
Santa was a fat old man who ate children's gifts

This poem was translated by the author.

La dieta de Santa

Semana tras semana el niño hacía listas
de buen comportamiento y tareas cumplidas
Un sistema que su padre había diseñado para acumular puntos
Meticuloso, con su lápiz rojo sumaba el total en su calendario

Tenía suficientes puntos y solo una duda
Su apartamento no contaba con el calor de una chimenea

Se preguntaba

Si Santa podría entrar por su pequeña ventana
La medía con la regla que usaba para sus matemáticas
Imaginaba el cuerpo voluminoso de Santa entumiendo la panza
Concluyó que si Santa cabía por chimeneas
No tendría ningún problema para entrar a su apartamento

El invierno llegó a su hogar con el frío crudo del desempleo
Pero el niño le escribía a Santa con el afán de la primavera
Incluyó su calendario de puntos y una lista de deseos
Pedía bicicleta, patines, videojuegos, un teléfono celular
Beyblades, juguetes de superhéroes y hasta una laptop
Todo lo que sus amigos tenían en este país fantástico

Llegó la Nochebuena y después de cenar se fue a sentar
junto a la ventana hasta quedar soñando con la barba de Santa

Despertó acompañado por un paquete de Beyblades
Su padre le dijo que seguro Santa por ser tan gordo
no pudo pasar todos los juguetes por la pequeña ventana

Sonriente empezó a jugar con sus Beyblades, pensando
que Santa era un viejo gordo que se comía los regalos de los niños

The Weight of Love

The problem with love is that it becomes heavier
than the person we love

From now on I will love you according
to your weight. Pound for pound

When you gain weight, I will love you more. I'll follow
you around every day with a scale to weigh you

When you lose weight, I will love you less. I'll kiss you
less every day

Kisses will decrease by hundreds. For example, if
you come to weigh five pounds less, then
it would equal five hundred kisses of your daily quota

Suffer, I know you will suffer, and no more will you tell me
"I want to lose weight because I look fat"

The problem will be when you gain so much weight
I will have to love you more, even when you are on top
my chest would collapse from so many kisses

El peso del amor

El problema del amor es que se hace más pesado
que la persona a quien amamos

De ahora en adelante voy a amarte conforme
a tu peso. Libra por libra

Cuando subas de peso, te amaré más. Te seguiré
a diario con una balanza para pesarte

Cuando bajes de peso, te amaré menos. Te besaré
menos todos los días

Bajarán los besos por decenas. Por ejemplo, si
llegaras a pesar cinco libras menos, entonces
equivaldría a quinientos besos de tu cuota diaria

Sufrirás, yo sé que sufrirás, y nunca más me dirás
"quiero bajar de peso porque me veo gorda"

El problema será cuando subas demasiado de peso
tendré que amarte más, aunque cuando estés encima
mi pecho colapse de tantos besos

Attempt

Moments I wish to remember: The first time
I saw rain, the day my mother walked
on the beach in Poneloya carrying me in her hands
The gaze of my grandfather who died blind
Not the first day that I lost and cried. But yes
The first time I played and smiled
That time I dreamt, that I saw my face
in the water, the blood on my face
The first time I was afraid to jump
And my feet got wet

Intento

Momentos que me gustaría recordar: La primera vez
que vi la lluvia, el día que mi madre caminó
sobre la playa de Poneloya conmigo en sus manos
La mirada de mi abuelo que murió ciego
No el primer día que perdí y lloré. Pero sí
La primera vez que jugué y sonreí
Aquella vez que soñé, que vi mi rostro
en el agua, la sangre en mi rostro
La primera vez que tuve miedo de saltar
Y se mojaron mis pies

Insomnia O

Once more, the clock stifles the desires
of my hands in your hands

In the mornings I put on my jacket to go to work
Embraces grow old in the memory of our skin
To contemplate each other is a goodbye
From your lips that word does not emerge
but I embody it in gestures

My mother's womb was my first departure
the exile to the north my second. From there
each farewell has been a repetition
a clear gesture, even when night falls
And we laugh in bed like cuddling children
On my chest, your eyelids close
And once more, your hands abandon me in a myth

Insomnio O

Una vez más, el reloj empoza los deseos
de mis manos en tus manos

Por las mañanas me pongo mi chaqueta para ir al trabajo
En la memoria de la piel se añejan los abrazos
El contemplarnos es un adiós
De tu boca no surge esa palabra
pero mi cuerpo la incorpora en ademanes

El vientre de mi madre fue mi primera partida
El exilio hacia el norte la segunda. De ahí
cada despedida ha sido una repetición
un gesto claro, aún cuando anochece
Y reímos en la cama como niños en abrazos
Sobre mi pecho, desvanecen tus párpados
Y una vez más, me abandonan tus manos en un mito

Canes on Fire

They don't seem like bags under the eyes
More like, bags under the pupils
My eyes exhausted from looking

But more than looking
memory is tiresome

Canes possessed by one image

A frame hangs on the wall
that does not change its scenery

My eyes that always saw
suns cast shadows upon the trees

Bastones encendidos

Ojeras en los ojos no parecen
Más bien, ojeras en pupilas
Mis ojos aturdidos de mirar

Pero más que mirar
es cansado el recuerdo

Bastones poseídos por una imagen

En la pared colgado un cuadro
que no cambia su paisaje

Mis ojos que siempre vieron
soles ensombrecen los árboles

Yahoo Account

Today I wanted to access a document that I had saved in my Yahoo email account. It was the memory of something that happened in fourth grade. Originally, I wrote it in English. Today I wanted to translate it into Spanish to help me remember certain important details about that anecdote that I have forgotten completely. I wrote it when I applied to the university more than 10 years ago. They asked me to write about an experience of overcoming adversity. I wrote about an embarrassing memory. When the teacher in my Spanish class asked me to read a Darío poem out loud, I read it badly. I was nervous, skipped words, swallowed entire verses until my teacher told me to sit down. I felt I had been found out; my classmates made fun of me. That was when I began keeping up appearances: memorizing texts in advance for when I had to read them in class. But the trick didn't always work. There were moments when my memory failed. I remember when I'd read alone, I'd look at the words without paying attention to the content because something strange would happen with them. The letters leaped one over the other. They jumped out of order, got mixed up, and it seemed to be a carnival dance and masquerade. And when I read the dictionary, the rods of my eyes would become agitated. Though I was fascinated by that feeling, I often ended up frustrated. This chaos made me memorize words that later did not appear in the text even though I could swear having seen them. This is the summary or the traces of that memory that is in a Word document, written in an English that I quickly learned, thanks to my playful passion for memorizing words in the dictionary. I had admired its energy. I even began to think that I had been accepted into the university, because of the vitality that I managed to convey.

When I try to open the file, a warning message flashes on the screen announcing that the document is infected with a virus. Without worrying, I download the file to my laptop. It won't let me. Then I try to forward it to another email account. It bounces back immediately. I consult Vlad, a friend who is a professional computer technician. But after many attempts he fails to penetrate Yahoo's fixed sequences. I went to the university to ask for the original hard copy of the document. A motionless man with a bureaucratic face told me that paper files are recycled after eight years. Only the most basic information remains in a database. Resigned, I went back to my room, determined to rewrite that anecdote in Spanish, by sheer force of will retrieving it from memory, with all its details and flaws. But it was all in vain. I couldn't remember it anymore. My memory is sick with a virus (motionless and trapped) among the fixed and ordered sequences of Yahoo.

Cuenta Yahoo

Hoy quise acceder a un documento que había guardado en mi cuenta de correo electrónico de Yahoo. Era la memoria de algo que sucedió en cuarto grado. Lo había escrito originalmente en inglés. Hoy quería traducirlo al español para ayudarme a recordar ciertos detalles importantes de esa anécdota que he olvidado por completo. Lo escribí cuando postulé a la Universidad hace más de 10 años. Pedían que escribiera sobre una experiencia de superación ante la adversidad. Escribí de una memoria bochornosa. Cuando el maestro de español me mandó leer en voz alta un poema de Darío, lo leí mal. Estaba nervioso, saltaba palabras, me comía versos enteros hasta que el maestro ordenó que me sentara. Me sentí descubierto; mis compañeros se burlaron de mí. Así inicié mi vida de simulacros: memorizando textos cuando me tocaba leerlos en clase, pero el truco no funcionó siempre. Había momentos que la memoria se equivocaba. Recuerdo cuando leía a solas, yo miraba las palabras sin poner atención al contenido porque algo extraño ocurría en ellas: las letras saltaban de una a otra, irrumpían el orden, se mezclaban, parecía un baile de carnaval y máscaras. Y cuando leía el diccionario, se agitaban los bastones de mis pupilas. Aunque me fascinaba esa sensación, a menudo terminaba frustrado. El desorden me hacía memorizar palabras que después no aparecían en el texto, aunque juraba que las había visto. Este es el resumen o las huellas de esa memoria que está en un documento Word, escrito en un inglés que aprendí rápido, gracias a mi lúdica pasión por memorizar palabras en el diccionario. Había admirado su energía. Hasta llegué a pensar que me aceptaron en la universidad, por la vitalidad que logré transmitir.

Cuando intento abrir el archivo, aparece en la pantalla un mensaje de alarma, intermitente, anunciando que el documento está contaminado con un virus. Sin importarme, procuro bajarlo a mi computadora. No me deja. Luego intento reenviarlo a otro correo electrónico. Rebota de inmediato. Le consulto a Vlad, un amigo profesional en computación, pero después de muchas maniobras no logra penetrar en los rígidos eslabones de Yahoo. Fui a la universidad a pedir la copia original del documento. Un hombre estático con cara de oficina me comunicó que los archivos de papel, después de ocho años se reciclan. Solo queda la información más básica en una base de datos. Resignado regresé a mi cuarto, dispuesto a reescribir esa anécdota en español, a fuerza de voluntad, excavarla de la memoria, con todas sus partes y defectos, pero fue en vano. Ya no la pude recordar. Tengo mi memoria enferma de un virus (inmóvil y encerrada) entre las rígidas y ordenadas secuencias de Yahoo.

The Boy's Nose

There was a restless child
    He was a bit nervous
    His mother told him
    To be brave
    He put one day
    In his bag
    Some wings
    Drawn in graphite
    He put in a notebook
    That he had
    Filled with vowels
    A shirt
    And a towel
    To dry himself
    A cap made of cloth
    So that the dew
    Would not dampen his head
    A toothbrush
    To wash his tongue
    Old socks
    With holes
    To breathe from

    The sack
    Tightened against his back
    When he walked out of his house
    He walked toward the horizon
    His legs felt heavy
    Or maybe his wings
    But he followed his nose
    To the north
    He followed his nose
    To the north

It was dangerous
        To stay at home

La nariz del niño

Había un niño inquieto
        Era un poco nervioso
        Su madre le dijo
        Que debía ser valiente
        Metió un día
        En su bolso
        Unas alas
        Dibujadas en grafito
        Metió un cuaderno
        Que había
        Llenado con vocales
        Una camisa
        Y una toalla
        Para secarse
        Una gorra ligera
        Para que el rocío
        No mojara su cabeza
        Un cepillo de dientes
        Para lavarse la lengua
        Calcetines viejos
        Con respiraderos
        Para no asfixiarse

        El bolso
        Le apretaba duro la espalda
        Cuando salió de su casa
        Caminó hacia el horizonte
        Le pesaban las piernas
        O tal vez las alas
        Pero siguió a su nariz
        Hacia el norte
        Siguió su nariz
        Hacia el norte

        Era peligroso
                Estar en casa

The Swearing of the Immigrant

I SOLEMNLY RENOUNCE
AND WITHOUT MENTAL RESERVATION
UNDER OATH ALL LOYALTY
TO ANY FOREIGN STATE
AND
          I renounce the interminable lines at immigration

FROM THIS DAY ON MY LOYALTY
IS EXCLUSIVELY
FOR THE UNITED STATES OF AMERICA

1,400 people stand in the same pavilion
93 countries (raise their hand) swearing to be loyal
Soon we will leave this place if everything goes well
In a few minutes there will be only One
We will be Americans from the United States
But there are certain rules
that we must obey:
Behave as if we were in court
Take off hats and glasses before taking the oath
Put away magazines, coffee, cellphones, cameras. . .

AND
WHEN THE LAW DEMANDS IT
I WILL BEAR ARMS IN THE NAME
OF THE UNITED STATES OF AMERICA

        Repeat word for word
Phrase by phrase
Remember that the approval of your application
The payment of fees
The interminable lines
Did not make you a citizen
Having been born in the south in the center
                  in the north of America
Did not make you a citizen
Having fathers cousins brothers
                  in the jails of the United States

Did not make us citizens
Mixing cement tongue molasses
                    love air with our hands
Did not make us citizens

AND

I SAY IT

UNDER OATH AND WITHOUT MENTAL RESERVATION

When you learned the true story
of Washington's cherry tree
you moved your feet to the rhythm of a bicycle
to make it on time to work
When don Eduardo after 15 years
of saving money and waiting for his papers died
                    alone
in a hospital in Los Angeles County
When perhaps he dreamed that death was a light wind
                    that would return him to his Nicaragua
This history did not make us CITIZENS
When we place our hands over our hearts
            And repeat   phrase   by   phrase
            word   for   word

SO HELP ME GOD

The Swearing of the Immigrant

RENUNCIO SOLEMNEMENTE
Y SIN RESERVA MENTAL
BAJO JURAMENTO TODA LEALTAD
A CUALQUIER ESTADO EXTRANJERO
Y
Renuncio a las interminables colas de inmigración

A PARTIR DE HOY MI FIDELIDAD
ES EXCLUSIVAMENTE
PARA LOS ESTADOS UNIDOS DE AMÉRICA

Hay 1,400 personas en un mismo pabellón
93 países (levantan la mano) jurando ser fiel
Pronto saldremos de aquí si todo sale bien
En pocos minutos habrá solo Uno
Seremos americanos de los Estados Unidos
Pero hay ciertas reglas
que debemos obedecer:
Comportarse como si estuviéramos en una sala tribunal
Quitarse la gorra, las gafas antes de jurar
Guardar revistas, café, celulares, cámaras...

Y
CUANDO LA LEY LO EXIJA
PORTARÉ ARMAS EN NOMBRE
DE LOS ESTADOS UNIDOS DE AMÉRICA

Repitamos palabra por palabra
Frase por frase
Recuerda que la aprobación de la solicitud
el pago de los honorarios
las interminables colas
No te hizo ciudadano
Haber nacido en el sur en el centro
                en el norte de América
No te hizo ciudadano
Tener padres primos hermanos
                en las cárceles de los Estados Unidos

No nos hizo ciudadanos
Revolver el cemento la lengua la melcocha
            el amor el aire con las manos
No nos hizo ciudadanos

Y
LO DIGO
BAJO JURAMENTO Y SIN RESERVA MENTAL

Cuando aprendiste la verdadera historia
del árbol de Washington
movías tus pies al ritmo de una bicicleta
para llegar puntual al trabajo
Cuando don Eduardo después de 15 años
ahorrando y esperando por sus papeles murió
            solo
en un hospital del condado de Los Ángeles
Cuando tal vez soñara que la muerte era un viento leve
            que lo regresaría a su Nicaragua
Esta historia no nos hizo CIUDADANOS
Cuando pongamos las manos sobre los corazones
        Y repitamos   frase   por   frase
        palabra   por   palabra

SO HELP ME GOD

Shadowboxing

From right to left
Above
       Below
You turn
       keep looking
at the keyboard
       the walls

(I listen to the sharp
breathing at your side)

You sling words alone
Friends do not celebrate you
You are
              Outside
Nobody opens their arms
to let you in
       (you hear me?)

You are lightweight
       but have no wings
Today your gloves are made of feather

You are dramatic and clumsy
Stay quiet. Don't come out
If you speak of your past
       do it decisively

Undoubtedly
       you could have
       reached heights
       entered the kingdom
       of which you dreamt

You could have
       experienced
       one two three
       splendors

But you lacked bravery
to not
        fall
in the realms of the image

Violent
    you lift your guard
        with head movement
    bending the neck
        like a question mark
    demanding answers

But your hands come back without news
        to crash against your mouth
Words come back to your tongue
        to crash against the ropes
VOCAL CORDS

One day
        you left saying you would win
        I will be champion you said
You didn't know the world was more astute
They challenged you
        periods and commas
They tested you
        the minute

Round after round you let yourself be taken
        by the rhythm of the sphere
Now you attempt
        your final attack
        throwing combinations of words in the air
But it's useless
        you have lost the fervor
        of that young enthusiast
Your voice is dry and worn out
        like the sound of an old bell

Suddenly you jab your word

straight and painful
to my throat
to tear
my tongue with your hands
to destroy me
the way one tears
false love letters
But before going down to the canvas

I know that you hear me

Boxeando la sombra

Derecha a izquierda
Arriba
        Abajo
volteas
        quedas mirando
el teclado
        las paredes

(yo escucho el respirar
punzante a tu costado)

Avientas palabras a solas
Los amigos no te festejan
Estás
            Afuera
Nadie abre sus brazos
para dejarte entrar
      (¿me oyes?)

Eres liviano
        pero no tienes alas
Hoy tus guantes son de pluma

Eres dramático y torpe
quédate mudo. No salgas
Si hablas de tu pasado
        hazlo con decisión

Sin duda
        habrías podido
        alcanzar alturas
        entrar al reino
        con que soñabas

Podrías haber
        experimentado
        uno dos tres
        esplendores

Pero te faltó valentía
para no
      caer
en los dominios de la imagen

Violento
   levantas la guardia
      con movimientos de cintura
   encorvando el cuello
      como signo de interrogación
   exigiendo respuestas

Pero regresan tus manos sin noticias
      a chocar con tu boca
Regresan a la lengua tus palabras
      a chocar con las cuerdas
VOCALES

Un día
      te fuiste diciendo que ganarías
      Voy a ser un campeón dijiste
Ignorabas que el mundo era más astuto
Te desafiaron
      los puntos las comas
Te pusieron a prueba
      el minuto

Asalto por asalto te dejaste llevar
      por el ritmo de la esfera
Intentas ahora
      tu última ofensiva
         Tirando combinaciones de palabras en el aire
Pero es inútil
      has perdido el fervor
      de aquel joven entusiasta
Tu voz está seca y gastada
      como el sonido de una vieja campana

De golpe lanzas tu palabra

recta lacerante
a mi garganta
para romper
mi lengua con tus manos
para destruirme
como se rompen
falsas cartas de amor
Pero antes de tocar la lona

Yo sé que me oyes

Canto One

I did not want a paradise where flames did not exist
My hands did not allow the wind to speak

I did not know how to imitate the perfection of a promise
Nor did I want to bear the cross. I also didn't want

to stay motionless. I attempted to live in paradise
but I have to confess that I was tempted by flaws

The abrasive rocks, the mangroves, the cliffs
Now I prefer to stubbornly embrace the flames

that dance alone in the dying eyes of an ape

Canto Uno

No quise un paraíso donde no existieran llamas
Mis manos no dejaron que hablara el viento

No supe imitar la perfección de una promesa
Ni me convenció el madero. Tampoco quise

quedarme inmóvil. Intenté vivir en el paraíso
pero debo confesar que me tentaron los defectos

Las piedras ásperas, los manglares, los despeñaderos
Ahora prefiero abrazar con terquedad las llamas

que bailan solas en las moribundas pupilas de un simio

Exit NY

I will not die in New York
Any place is good enough to begin the journey
Except New York
I will forget the touch of death
Its drums
I will leave my coat hanging on the stairs
Shut my ears and buy me some shades
I will evade death for 24 hours

Now I should leave
But everything binds me to these ropes
Its hard skyscrapers make me delirious
The elevators are in reality a cage
I will light a candle Ask for my soul
That an angel dreaming of this swarm would fall
And lend me his wings I should hail a taxi
Bind him to a light post and utter three words
so he doesn't leave Now is the moment
that death keeps guard Wigs offer
plenty of hair colors I should paint my face
From up high I will evade death

I grew tired of the rigid balance of my body
of upward movement, of moving
downwards, of painting walls and washing windows
It's only the movement of my hands
that smears emptiness on the things that touch me
Human caresses cost more than a soul

In this city in which we are all free
I have been granted permission to put away my words
Today I will evade death and give luck a spin
And will raise my arms to hail a taxi

What I repeated above are certain words
I said them only once taxi wings suicide 24 hours
I should leave   angel cage fire escape stairs
I should leave   Wigs movements flight   Now

Exit NY

No voy a morir en Nueva York
Cualquier lugar es suficiente para iniciar el vuelo
Menos Nueva York
Olvidaré el tacto de la muerte
Sus tambores
voy a dejar mi abrigo colgado en la escalera
Cerrar los oídos y comprarme unas gafas
Voy a burlarme de la muerte por 24 horas

Ahora debo irme
Pero todo me ata a estas cuerdas
Me deliran sus duros rascacielos
Los elevadores son en realidad una jaula
Voy a encender una vela Pedir por mi alma
Que caiga un ángel soñador de este enjambre
Y me preste sus alas Debo invocar a un taxi
Amarrarlo a un poste, pronunciar tres palabras
para que no se vaya Ahora es el momento
que la muerte hace guardia Las pelucas ofrecen
amplias tonalidades Debo maquillar la cara
Desde lo alto voy a burlarme de la muerte

Me cansé del rígido balance de mi cuerpo
del movimiento arriba del moverme
hacia abajo de pintar las paredes y limpiar las ventanas
Es solo el movimiento de mis manos
que unta de vacío las cosas que me tocan
Las caricias humanas son más caras que un alma

En esta ciudad donde todos somos libres
se me ha dado el permiso de encerrar mis palabras
Hoy voy a burlarme de la muerte, voy a girar la suerte
Y levantar mis brazos para invocar a un taxi

Lo que repetí arriba son ciertas palabras
Solo una vez las dije taxi alas suicidio las 24 horas
Debo irme   ángel jaula escalera de incendios
Debo irme   Pelucas movimientos vuelo   Ahora

About the Author

LEÓN SALVATIERRA is a Nicaraguan poet who migrated to the US at the age of fifteen. In 2014 he received a PhD in Hispanic Languages and Literatures from UC Berkeley and, in 2020, an MFA in poetry from UC Davis. He is the author of *Al norte*, a book of poetry written in Spanish, originally published by the University of Nicaragua. His poems have appeared in *Poetry* magazine, the *Notre Dame Review*, *The Best American Poetry*, *Paterson Literary Review*, and *The Wandering Song: Central American Writing in the United States*. His Spanish translation of his poem "Teaching the Immigrant to Speak English" won the Juana Goergen Poetry Prize 2020 for the best poem in Spanish written in the United States. Currently he teaches culture and literature courses in the Chicana/o Program at UC Davis. He lives in Berkeley.

About the Translator

JAVIER O. HUERTA is the author of *American Copia: An Immigrant Epic* and *Some Clarifications y otros poemas*, which was awarded the 31st Chicano/Latino Literary Prize from UC Irvine. He earned his MFA from the Bilingual Creative Writing Program at the University of Texas at El Paso. Currently he teaches at Mission College in Santa Clara and lives in Oakland, California.